영화로운 개인

영화로운 개인

15편의 영화로 본 도덕과 개인주의

홍주현 지음

이유출판

얀테의 법칙과 개인주의 문화

북유럽의 개인주의는 우리가 흔히 생각하는 개인주의와는 조금 다른 결을 지닌다. 이는 북유럽 문화와 정신 저변을 지배한다는 얀테의 10가지 법칙에서도 드러난다.

- 네가 특별하다고 생각하지 마라.
- 네가 다른 사람보다 똑똑하다고 생각하지 마라.
- 네가 다른 사람보다 우월하다고 생각하지 마라.
- 네가 다른 사람보다 많이 안다고 생각하지 마라.
- 네가 다른 사람보다 중요하다고 생각하지 마라.
- 네가 다른 사람을 가르칠 수 있다고 생각하지 마라.

- 다른 사람이 너를 염려하리라 생각하지 마라.
- 네가 무슨 일이든 다 할 수 있다고 생각하지 마라.
- 네가 다른 사람보다 좋은 사람이라고 생각하지 마라.
- 다른 사람을 비웃지 마라.

겸손의 법칙이라고도 알려진 이 규범을 한마디로 하면, 자신은 조금도 잘난 사람이 아니라는 걸 명심하라는 얘기다. 언뜻 조선의 유교 도덕보다 더 억압적인 내용 같다. 그런데 북유럽 사회는 개인주의 문화가 상당히 강한 곳이다. '나는 조금도 특별하거나 잘나지 않다'는 얀테의 법칙 정신과 '나'를 강조하고 독려하는 개인주의 문화가 어떻게 공존할 수 있는 걸까?

도덕적 오만이 불러온 파국

위와 같은 의문을 품고 있던 어느 날, 가족 중 한 사람과 나 사이에 큰 오해가 생겼다. 내 입장에선 어이 없는 상황이었다. 내 해명이 전혀 받아들여지지 않자 황당함이 점차 참을 수 없는 노어움으로 치달았다. 불만을 제기하는 그의 태도는 나를 존중하기는커녕 하대하듯 느껴졌고, 그가 오해한 내용은 내 도덕적 자존심을 치명적으로 손상시켰다. 생진 처음 겪는 모욕과 억울함을 이겨낼 수 없었다. 나는 절연을 무릅쓰면서까지 일을 키웠고, 결국 파국으로 치달았다.

내게 무척 소중한 관계였다. 그가 나를 어떻게 생각했는 지 모르지만, 그는 내게 귀한 사람이었다. 그런데 왜 이런 일이 생긴 걸까? 뭐가 문제였을까? 내가 반성해야 할 점 은 무엇일까?

이 두 가지 의문에 대한 답을 나는 영화에서 일부 찾을 수 있었다. OTT 시대, 쏟아지는 영화의 홍수 속에서 유독 마음을 울리며 기억에 남는 작품에는 공통점이 있었다. 강 한 의지를 불사르며 불리한 환경을 이겨내 마침내 자기 뜻 을 이루고 마는 주인공의 전투적인 이야기가 아니라, 환경 에 순응하고 갈등 관계에 있는 사람을 이해하면서 자신을 양보하는 인물의 이야기였다. 그들은 자기를 내어주지만, 아이러니하게도 자기가 원하는 바를 이루고 행복과 평온 을 찾는다. 그 과정이야말로 진정한 자기 자신에 다가가고 자기중심을 찾아가는 길이었다.

그 이야기들을 통해 나는 내 도덕적 오만을 깨달았다. 어 릴 때부터 어른뿐만 아니라 급우에게도 착하고 바르단 얘 기를 들으며 자랐다. 수년 동안 명상 수행을 하면서 더 솔 직하고 진실하려 노력했다. 그런 경험들이 나도 모르는 사 이 나 자신의 도덕적 우월감을 높이 세우고 단단히 굳혀버 렸다. 왜곡된 자부심은 나를 불편하게 만들거나 언짢게 하는 사람을 가까이 할 수 없는 사람으로 치부해버리고 비난하는 오만한 태도로 이어졌다. 일방적으로 곳곳에 저열한 사람을 만들어놓은 나는 내 삶을 상처와 좌절, 원망으로 물들이고 있었다. 그의 오해는 내가 어쩔 수 없고, 그로 인해 서로가 받는 상처 역시 불가피했지만, 그 상처에 소금을 뿌릴 필요는 없었다. 지금의 파국적 현실은 이런 오만이 한몫한 결과다.

또한 이 강고한 자존심은 나를 단단히 붙잡아주기는커녕 나 자신과 주변 사람, 그리고 사소한 상황에도 이리저리 휘둘리게 만들고 있었다. 착하고 바르다는, 즉 도덕적으로 뛰어나고 훌륭하다는 자아상에 그토록 집착하지 않았다면, 내 해명이 받아들여지지 않는다 해도 그건 내가 어찌할 수 없는 일임을 인정하고, 내 삶에 집중할 수 있었을 것이다. 하지만 그러지 못한 내 하루는, 절연 후에도 끊임없이 그 사건을 떠올리며 복잡한 감정과 생각 속을 헤매는 과정의 반복이었다. 한편, 누군가에게서 당신처럼 솔직하게 자신을 성찰하는 사람은 드물다는 식의 칭찬을 받으면, 겉으로는 손사래 치며 겸손한 척해도 속으로는 우쭐했다. 내게서 좋은 면을 발견하고 그것을 인정해주는 건 그의 인격일 뿐인데도, 나는 타인의 평가와 인정에 취둘리고 있었던 것이다.

이런 반성을 하면서 나는, 타인을 이해하고 환경에 순응하면서 자신을 양보하는 인물들을 영화 속에서 발견하고 이들이야말로 자기 자신으로 바로 서는 '개인'으로 성장하고 있다는 사실을 깨달았다. 그렇다면 '나'의 독자성을 강조하는 개인주의 문화와, 나는 조금도 잘난 사람이 아니라는 얀테의 법칙이 생활 규범으로 공존할 수 있다. 아니, 얀테의 법칙이 곧 개인주의 문화의 바탕이다. 개인주의는 독불장군처럼 내가 제일이라는 식의 태도가 아니라, 자기중심을 찾으면서도 타인과 세상을 존중하는 삶의 방식인 것이다.

도덕적 평등 의식

어느 여행 유튜버가 낯선 사람을 대하는 한국인의 태도에 대해 아쉬움을 토로한 적이 있다. 그는 동남아 어느 도시에서 구독자에게 선물을 주려고 주위를 탐색하다가 테이블을 사이에 두고 옆에 앉은 한국인을 불렀다. 유튜버의 표정은 선물을 줄 기쁨으로 가득했다. 그런데 옆 사람의 반응을 보고는 얼굴이 확연하게 굳으면서 어두워졌다. 그 한국인들이 자신을 흘끗 쳐다보곤 무시해버렸기 때문이다.

그는 세계 곳곳을 다니면서 느낀 안타까움을 토로했다. 외국인은 눈이 마주치면 가벼운 인사라도 하는 등 낯선 사람에게도 호의를 보이는 경우가 대부분인데, 유독 한국인은 마치 잠재적 범죄자를 만난 것처럼 피하는 경우를 적잖이 경험하게 된다는 것이다.

어느 미국인 유튜버는 정반대 영상을 올렸다. 한국인이 이해하기 어려워하는 미국인의 태도에 관한 내용이다. 그의 한국인 부인은 하원하는 자녀를 기다리면서, 자기 아이를 기다리는 동네 다른 엄마와 인사하고 스몰토크를 나눴다. 그러면서 언제 애들이랑 같이 놀자는 제안을 받아 연락처도 교환했다. 얼마 후, 어느 날짜에 만날까 하는 문자를 보냈는데 읽었단 표시만 하고 끝내 답을 받지 못했고, 또 얼마 후 우연히 그 엄마를 발견해 반갑게 인사했는데, 처음 만났을 때와 달리 어색해하면서 손만 흔들고 가버렸다는 것이다.

인종차별은 아니다. 앞서 말한 미국인 유튜버도 어릴 때부터 그런 경험을 많이 했다고 한다. 다만 그는 재미 한국인들이 지적하기 전까지는 그런 반응을 이상하게 느끼지 못할 정도로 자연스럽게 받아들였다. 하지만 한국인에게는 매우 당황스럽고 냉정하며 차갑게 느껴지는 행동이다.

한국인은 자기가 모르는 낯선 사람을 지나치다 싶게 경계하고, 미국인은 화기애애하게 스몰토크를 나눈 사이라도 거리를 둔다. 이런 현상은 집단주의와 개인주의 문화 차이다. 낯선 사람은 경계하며 무시하는 반면, 인사하고 몇 마디만 나눠도 친한 사이라고 여기는 태도는 집단주의 문화의 양면이다. 반대로 낯선 사람하고도 거리낌 없이 대화하면서도 쉽게 거리를 좁히지 않는 반응은 개인주의 문화의 양면이다.

한국인이 낯선 사람을 경계하며 냉랭하게 구는 건 그를 알지 못하기 때문이다. 그가 나처럼 선량한 사람인지, 믿을 수 있는 사람인지 한마디라도 말을 섞기 전에는 알 수 없다. 반면, 자기가 아는 사람에게는 한국인의 '정'을 가감 없이 베푼다. 그저 안면만 터도 그와 나는 '우리' 사이가 되고, 인사만 나눠도 친한 사이처럼 군다. 개인주의 문화에 속한 사람에게는 당황스러울 수 있는 행동이다. 한국인 사이에서도 선을 넘는다는 불만이 종종 생긴다. 집단주의 문화가 강할수록 이처럼 내집단과 외집단 구성원을 대하는 태도 차이가 분명하다. 상대방의 특수성이라고 할 수 있는 출신, 성별, 직업, 소속 집단 등 그의 배경과 분리된 인간, 즉 보편적 인간에 대한 이해 방식이나 내적 표상이 부재하는 데에서 기인하는 현상이다.

개인주의 사회에도 내집단과 외집단이 있다. 집단주의 문화 시각에선 친구가 되기 쉽지 않지만, 그들에게도 친한 사람들이 있다. 하지만 외집단 사람이라고 해서 그를 의심하며 경계하지는 않는다. 내가 잘 모르는 사람이지만, 그역시 나처럼 선량하고, 기본적인 인격과 교양은 갖춘 사람일 것이라고 믿는다. 그래서 낯선 이와도 쉽게 스몰토크를 나누고 직업에 따른 차별이 희박하다. 개인주의 사회가 신뢰도 높은 사회인 이유 중 하나다. 그러나 그와 나는 여전히 외집단 관계이지 '우리'인 사람처럼 친밀함을 주고받는 사이가 아니다.

개인은 자기를 발견해 집단 정체성에서 자신을 분리·독립하는 것으로 끝나지 않는다. 자신에게서 발견한 독창성과 잠재력 그리고 인간적 면모를 타인에게서도 발견한다. 자기가 불완전한 존재이듯 저 사람도 불완전한 존재이고, 내가 내 삶에 충실하고 좋은 사람이 되려고 노력하듯 저 사람도 그럴 것이라고 여긴다. 내가 그 사람이 어떤 사람인지 아는 것과 상관없다. 그도 나와 같은 인간이기 때문이다. 결국 낯선 사람을 대하는 문화 차이는 인간을 이해하고 바라보는 관점이 다른 데에서 기인하는 것이다. 개인주의 사회에서는 본질적으로 타인을 나와 다르지 않은 하나의 인격체로 본다. 이것이 도덕적 평등의식이다. 인간 보편에 대한 이러한 관점이 나 자신뿐만 아니라 낯선 타인, 즉 인간에 대한 신뢰로 나타나는 것이다. 개인은 이처럼 보편적 인간에 대한 자립 가능성과 도덕적 평등 의식이란 두 다리로 걷는다.

개인주의가 도덕이다

한국에서 개인주의는 곧잘 부정적 의미로 사용된다. 긍정적으로 쓰이더라도 그 의미를 온전히 드러내는 경우가 드물다. 자립 또는 자기중심적 가치관으로만 인식되는 탓이다. 그래서 세상과 조화를 이뤄야 할 때마다 양보와 배려가 강조되면서 전근대 유교적 도덕관이라는 구태의연함으로 돌아가고 만다.

이러한 한계가 개인으로서 인간과 세상을 제대로 바라보지 못하고, 갈등을 스스로 풀어내기 어렵게 만들어 여전히 집단주의와 도덕적 사고에 머물게 하는 주요 원인일 것이다.

비록 불완전하지만 유일무이한 존재이자 정신적 자립성과 도덕적 능력을 지닌 인간으로서 자기 자신을 신뢰한다면, 그는 그러한 인간성을 타인에게서도 발견한다. 배려와 존중은 보편적 인간에 대한 이 같은 이해와 공감에 뒤따르는 자연스러운 반응이지, 동방예의지국의 군자가 소인에게 자기를 억누르라면서 덕과 예를 가르치듯 설교하고 강요해서 갖춰지는 태도가 아니다. 따라서 도덕성의 보편성을 인식하는 개인이 바로 도덕적 인간이고, 개인주의가 곧 도덕이다.

개인은 저절로 되지 않는다. 개개인이 자기 자신을 발견하고 나와 같은 인간성을 타인에게서도 찾아내는 일에 의미를 두고 서로 독려하는 사회라면 개인으로의 성장이 좀 더 수월할지 모른다. 그렇다 해도 삶을 통해 나를 경험하면서 나 자신과 솔직하게 대면하는 과정을 피할 수는 없다. 이 책은 그런 과정을 겪는 영화 속 인물을 통해 개인을 이야기하며, 우리 사회의 개인주의에 관한 오해를 바로잡고자 한다.

어느 방송에서 한 청년이 질문을 받았다.

"청춘이란 무엇인가?"

청년이 대답했다.

"무엇이든 할 수 있는데 아무것도 하지 못하는 것."

한마디로 전능하면서 무력한 사람! 젊음의 무한한 가능성을 지녔지만, 경험도 자산도 일천해 보잘것없고 무력하다는 자기인식. 이는 비단 청년 세대만의 감각이 아니라 자신과 세상을 바라보는 현대인의 인식이기도 하다.

1장과 2장에서는 이처럼 자신은 특별하고도 무한한 가능성의 존재라는 현대인의 자아관이 개인에게 어떤 의미인지를 탐색한다. 전근대 인간관과의 비교와 개인의식 형성 과정을 통해 그 변화의 맥락을 짚어보고, 스스로 일어설 수 있는 잠재력이 어떻게 발휘되는지도 함께 살핀다. 이로써, 황가람의「나는 반딧불」노래 가사처럼 빛나는 별인 줄 알았던 내가 실은 벌레임을 알게 되더라도 괜찮은, 그래도 여전히 눈부신 이유를 되새길 수 있을 것이다.

3장에서는 개인주의를 이기주의라고 생각하는 오해에 관해 해명한다. 자기 입장과 생각만 고집하면 자립적인 삶에서 오히려 멀어진다. 자기를 내려놓고 상대방을 이해하고 받아들일 때 아이러니하게도 타인에게 의존하지 않고 자기중심을 갖고 자기 뜻대로 살아갈 수 있다. 영화 속 인물과 나의 경험을 통해 이러한 사실을 풀어낸다. 이 과정에서 그 상대가 주로 부모인 이유는 부모와의 관계에서 형성된 내적 이미지가 이후 인간관계에서 나타나는 경향이 크기 때문이다. 원망스러웠던 대상, 특히 자기 원천인 부모를 이해하는 과정은 개인으로 성장하는 데 적지 않은 의미를 갖는다.

4장에서는 각자 자기 삶을 스스로 계획하며 살아가기 위해 사회가 공유해야 할 가치와 태도를 다룬다. 각자가 원하는 삶의 추구를 가능하게 하는 토대로서의 자유, 그리고 우리 사회에서 곧잘 억압 기제로 작용하는 법과 도덕의 문제를 살핀다. 개인의 자유가 무엇을 뜻하는지, 그리고 그 자유를 억누르는 법과 도덕은 어떻게 다시 구성되어야 하는지에 관해 이야기한다.

삶을 스스로 일궈나갈 잠재력을 지닌 인간의 삶은 자기가 살고 있는 사회의 다른 구성원의 삶과 더불어 이루어진다. 내 삶이 있는 곳, 내가 직접 알지 못하지만 그곳을 구성하는 타인을 나와 본질적으로 다르지 않은 한 개인으로 신뢰하고 존중할 때 내 삶의 계획을 실현할 가능성도 커지고 자존감과 행복감도 올라간다. 그 시작은 역시 자기 자신이다. 따라서 자신을 탐구하면서 자기 가능성과 함께 부족함, 불완전성을 받아들인다면 인간을 긍정하고 사랑하지 않을 수 없다.

부족한 글이지만, 이 책을 선택해 주신 독자가 자기 자신뿐만 아니라 인간과 세상을 조금이나마 새롭게 바라보게 된다면, 더 없이 감사할 것이다.

목차

4장
개인에게 가장 소중한 건 자유
인간을 개인일 수 있게 하는 것들

1장

특별하지 않아도 괜찮아

*

개인은 특별해야 하는 인간인가?

뷰티풀 마인드

특별함을 우월함으로 착각했던 내쉬의 욕망

*

특별하지 않아도 나는 안전하고 온전하다

처음 국회의원실에서 일하게 됐을 때 무척 즐거웠다. 비록 아르바이트였지만 국가적으로 중요한 결정을 하는 사람들과 함께 일하는 나 자신이 뿌듯했다. 시키는 일 외에 다른 일도 솔선수범하며 진심으로 신나게 일했다. 그 덕에 얼마 지나지 않아 인턴을 거쳐 행정비서로 채용되면서 국회의 정식 직원이 되었다. 이전 의원실에서 정책업무를 보조했기에 정책비서가 될 수도 있었으나 아직 그 일은 자신이 없었다. 의원 보좌업무의 핵심은 정책이지만, 꼭 그 일이 아니더라도 국회에서 계속 일할 수만 있다면 무슨 일이든 기꺼웠다.

초반 얼마간은 좋았다. 업무가 어렵지 않았고, 의원을 비롯해 함께 일하는 사람들도 나쁘지 않았다. 그런데 3년 차가 되자 불만이 쌓이기 시작했다. 지금은 많은 일이 전산화되고 사무기기도 발달해 그럴 일이 현저히 줄어들었지만, 그땐 잡무가 참 많았다. 가령, 법안 검토자료, 청문회 자료, 회의록 등 각종 서류를 본청 상임위 행정실에서 의원실로, 또 의원실에서 본청으로 직접 운반해야 했다. 지금은 이메일로 일괄 발송하는 보도자료도 그땐 한 장 한 장 복사해서 기자실을 찾아가 일일이 전달해야 했다. 시간이 지나자 이런 단순 업무가 내 몫이라는 게 못마땅했다.

그 때문인지, 부처 공무원부터 지역 관계자, 민원인 등 의원실을 찾아오는 사람, 심지어 다른 의원실에서 일하는 동료까지 나를 홀대하는 것처럼 느껴지기 시작했다. 내가 하찮은 사람인 것 같았다. 처음 국회에서 일할 때 가졌던 자부심은 온데간데없이 사라지고 자괴감만 커져갔다.

'나는 고작 이런 일이나 하고 있을 사람이 아니야!'

학창 시절부터 수학 천재로 유명세를 떨치던 존 내쉬 역시 졸업 후 자신의 바람대로 국방연구소에서 일하지만, 맡은 업무가 성에 차지 않는다. 국가 존립에 영향을 끼치는 중요한 일이나 일급 기밀 군사 작전 같은 엄청난 프로젝트에 참여하리라 기대했건만, 고작 댐 내구성 실험 따위나 하고 있다니! 야망 큰 존에게 그런 일은 하찮게 느껴지기만 한다.

내쉬는 종종 국방성(펜타곤)에 불려가 누구도 풀지 못하던 적국 소련의 난해한 암호를 풀어내며 천재성을 보여준다. 하지만 그 암호가 왜 중요한지, 암호를 풀어서 막으려는 것이 무엇인지 물으면 매번 무시당한다. 펜타곤의 호출은 반가워도 일을 마치고 나면 고장 난 암호해독기 수리공이 된 것 같은 느낌만 받는다.

'나는 고작 이런 일이나 하고 있을 사람이 아니야!' 나는 내쉬의 속마음이 들리는 듯했다.

우월해서 특별했던 전근대의 다름

그때 한 남자가 나타난다. 정부의 첩보요원 윌리엄 파처. 그는 국방성조차 알지 못하는 초특급 기밀을 다룬다. 그토록 특별한 일을 하는 그가 내쉬의 능력을 알아보고는 임무를 준다. 내쉬 주변의 누구라도 이 사실을 알게 되면 내쉬는 물론이고 그들 모두가 위험해질 수 있는 중대한 기밀이다.

내쉬는 무거운 책임감으로 임무 수행에 몰입한다. 더 이상 국방연구소 일이 시시하다고, 사람들이 자신의 천재성을 제대로 알아보지 못한다고 불만스러워하지도 않는다. 이제 그는 아무도 알아서는 안 될 중요한 일을 하는, 그래서 당국뿐만 아니라 적국에서도 요주의 인물이 되었으니까!

그런데 아내 엘리샤는 뭔가 이상한 낌새를 느껴 정신과에 남편의 치료를 의뢰한다. 내쉬는 환상의 인물을 보고 반응하는 조현병(정신분열증)을 앓고 있다는 진단을 받는다. 보통 사람은 상상하기 어려운 중요한 일을 하는 특별한 사람이었던 내쉬는 졸지에 정신질환자로 전락한다.

영화 「뷰티풀 마인드」는 탁월한 천재성으로 자신의 우월함을 드러내는 데 집착했던 존 내쉬의 이야기를 그린다. 직업적 성과와 성취를 통해서 자기의 특별함을 증명하려고 고군분투했던 존 내쉬. 그의 노력은 다른 사람들이 엄두도 내지 못할 뛰어난 차별점이 있어야 특별한 존재로 인정받을 수 있다는 믿음에서 기인한다. 그러한 생각은 사실 전근대의 왕이나 귀족이 가졌던 신분적 자의식과 크게 다르지 않다.

인간의 서로 다름과 특별함에 대한 인식은 흔히 근대의 특징으로 알려져 있다. 하지만 전근대 시대에도 이러한 인식은 존재했다. 다만 그것은 개개인 차원이 아니라 인종, 성별, 민족, 종교, 지역, 직업, 신분 등 집단을 기준으로 한 것이었다. 오늘날 인권의 기반이 되는, 보편적 인간에 대한 존엄성의 탄생 과정을 추적한 로베르 르그로는 「근대적 인간의 탄생」[1]에서 이렇게 말한다. 전근대 신분사회 구성원이 인식하는 타인은 함께 소속된 집단이 많을수록 나와 닮은 사람이고, 적을수록 다른 존재이다. 특히 신분의 차이는 다름을 드러내는 대표적인 구분이었을 뿐만 아니라 특별함을 나타내는 기준이기도 했다.

전근대는 인간 세상을 신이 머무는 세계의 연장으로 인식하던 시대였고, 신분 구분을 신의 섭리로 여겼다. 그에 따라 왕과 귀족, 성직자 같은 신분은 신의 세상과 인간 세상을 연결하도록 신에게 선택받은 존재로 인식되었다. 이들은 자신들의 신성을 증명하기 위해 의례와 의식을 장엄하게 치르고 호사스러움, 관대함, 예의 등을 더 과시했다.[2] 낮은 신분의 사람들은 그들을 우월한 존재로 여기며 두려움과 존경심, 경외감으로 대했다. 전근대 사람들이 생각하던 특별함이란 인간적 자질이 아니라 신과의 관계가 나와 다른 데에 있었다. 그들의 다름은 신을 대리하는 존재라는 특별함, 즉 우월함에 기초했던 것이다.

---

1   츠베탕 토도로프, 포크루유, 로베르 르그로, 『개인의 탄생: 서양 예술의 이해』, 기파랑, 2002, p.130
2   같은 책, p.124

탁월한 재능 또는 비범한 능력과 자질을 바탕으로 한 다름은 전근대의 신분처럼 우월과 열등의 서열화를 수반한다. 내쉬는 사람들을 깜짝 놀라게 할 만한 자기만의 독창적 이론을 개발하겠다면서 수업에도 출석하지 않고, 기숙사 옥상이나 자기 방 창문에서 사람들을 내려다본다. 그 모습이 은유하듯 내쉬는 자기보다 뛰어난 사람이 없다고 생각했다. 그가 자신의 특별함과 탁월함을 인정받을 때마다 짓는 수줍은 미소는 자기 성취에 대한 자부심이 아니라 오만을 드러내는 우쭐함의 표현이었다. 인간을 구분 짓는 기준이 신분에서 능력과 일로 바뀌었을 뿐, 여전히 다름과 특별함의 기준을 상대적 우월함에 두고 있는 모습이라 할 수 있다.

나도 마찬가지였다. '나는 고작 이런 일이나 하고 있을 사람이 아니'라면서 분에 겨워 베개에 얼굴을 파묻고 엉엉 울다가 정책 업무를 해야겠다고 결심했다. 그러고는 정책 보좌관에 어울리는 구색을 갖추기 위해 대학원에 진학하고, 직급을 하향 지원하면서까지 기어코 정책 업무를 맡았다. 그런 내 행동도 업무 성격에 서열이 있다고 여기고, 그 일에 따라 사람도 서열화된다는 전근대적 사고방식을 따른 것이었다.

하지만 만족감은 오래 가지 않았다. 처음 국회에서 일할 때처럼 다시 신나고 즐거웠지만, 조금 지나자 이번에는 직급의 문제가 걸리기 시작했다. 회의를 하러 모이는 다른 의원실 직원들은 고위 직급인데 나는 아직도 하위 직급이라니! 나 자신이 부끄러웠고, 나는 또 기를 쓰고 승진을 했다. 이를 위해 보통 대여섯 명이 나눠 맡는 업무를 혼자 소화할 정도로 많은 일을 해야 했고, 어느새 그토록 좋아했던 일에 진저리를 치게 되었다.

비교우위를 확보해서 특별해지고자 하는 욕망은 이처럼 허무한 결과로 이어진다. 우월함을 통해 자신이 특별한 사람임을 증명하고자 했던 내쉬의 욕망을 파처가 채워줬지만, 그는 실존하지 않는 인물이었듯이 다름과 특별함의 가치를 상대적 우월함에 두는 한, 자신의 특별함을 드러내려는 모든 노력은 신기루를 향할 뿐이다.

가슴으로 사는 삶

자신이 환영을 만들어낸다는 사실을 자각한 내쉬는 의사 처방에 따른 약물치료 없이 스스로 극복할 방법을 찾기로 한다. 그러자 아내 엘리샤가 내쉬를 응원하면서 결정적 힌트를 준다.

"어떤 게 현실인지 알아? (내쉬 얼굴을 쓰다듬으며) 이 감촉, (내쉬의 손을 자기 얼굴과 가슴에 갖다대며) 이 느낌. 당신을 꿈에서 깨어나게 해줄 건 머리가 아니라 여기 (가슴)에 있는지도 몰라."

내쉬의 조현병 극복 열쇠가 머리 아닌 가슴에 있을지도 모른다는 엘리샤의 조언은 신경학적으로도 맞는 말이다. 흔히 판단하고 지시내리는 역할은 뇌가 하고, 몸은 뇌의 지시를 수행한다고 본다. 다미주 이론[3]과 같은 최신 연구에 따르면 실제로는 그 반대다. 치유와 이완 작용을 주로 하는 부교감신경계의 주요 신경인 미주신경은 심장과 폐 그리고 복부 내장 깊숙한 곳까지 몸 전체에 퍼져 있는데, 뇌의 지각작용을 거치지 않고 신체 상태에 따라 안전과 위험 여부를 즉각 판단한다. 이 미주신경과 뇌가 주고받는 신호 중 무려 80%가 미주신경에서 뇌로 보내는 정보다.[4] 이에 따르면, 인간을 움직이는 건 뇌가 아니라 사실상 몸이라 해도 과언이 아니지 않을까?

다미주 이론을 창시한 뇌과학자 스티븐 W. 포지스는 미주신경을 두 가지로 구분한다. 횡경막 아래쪽에 분포해 장기의 소화 기능 등에 관여하는 등 쪽 미주신경과 횡경막 위쪽에 분포해 폐와 심장에 관여하는 배 쪽 미주신경이다. 등

---

3   스티븐 W. 포지스, 『다미주 이론』 위즈덤하우스, 2020
4   덥 다나, 『다미주신경 이론』 불광출판사, 2023, p46

쪽 미주신경은 "단절이나 작동 중지 또는 붕괴"의 태도와 관련 있고 배 쪽 미주신경은 "안전이나 연결 또는 조절"을 관할한다.[5] 쉽게 말해 등 쪽 미주신경은 일종의 번아웃 상태를 유발하는 것으로, 위험이나 위협을 만났을 때 자포자기하거나 반대로 공격적 대응을 하게 한다. 배 쪽 미주신경은 그런 등 쪽 미주신경과 교감신경의 작용을 조절하고 억제해 안전과 평온을 느끼게 함으로써 타인과 유대, 연결, 협력을 가능하게 한다.

배 쪽 미주신경은 생존 문제가 급선무였던 각자도생의 원시사회를 벗어나, 협력이 생존에 더 유리해진 시기에 발달했다. 다른 사람과 협력하려면 마음의 문을 열어야 하고, 그러려면 우선 내가 안전하다는 느낌을 받아야 한다. 그래서 안전과 평온한 감각을 유도하는 배 쪽 미주신경이 발달한 것이다. 흥분을 가라앉히고 차분하게 만드는 일도 배 쪽 미주신경의 역할이다. 소위 이성적 판단이나 행동은 머리가 아니라 가슴에 달려있는 것이다.

그럼, 가슴이 어떻게 내쉬를 환상에서 깨어나게 할까?

내쉬의 조현병은 마음의 문을 꽁꽁 닫고 스스로 만든 환상에 의해 벌어진 일이다. 그는 자기보다 뛰어난 사람에게

---

5   같은 책, p.30~33

사람들의 관심과 찬사가 쏠리면 자기가 소외되고 무시된다고 느끼며 늘 신경을 곤두세웠다.

국방성에서 내쉬에게 암호와 관련된 사항을 일절 알려주지 않는 건 단지 외부로 누설되면 안 되는 기밀이기 때문이지 내쉬를 무시해서가 아니었다. 그런데도 내쉬는 자신이 하찮은 사람 취급당한다고 느꼈다. 스스로 높이 세운 마음의 방어벽이 현실감각을 왜곡시킨 탓이다.

어떤 일이나 누군가가 자기에게 손해를 끼치고, 자신을 깔보거나 무시하지 않을까 두려워 마음의 방어벽을 높이 올리고 있으면, 자신이 실제 접하고 있는 상황을 올바로 인지하기 어렵고, 있는 그대로 받아들이지도 못한다. 감촉과 느낌을 인지하는 것, 즉 왜곡된 환상에서 깨어나 현실을 받아들일 수 있는 길이 가슴에 있다는 건 배 쪽 미주신경을 활성화시켜 마음의 문을 활짝 열어야 한다는 의미다.

그렇다면, 마음의 문을 연다는 건 실제로 어떤 상태일까?

아기를 떠올려보자. 아기나 새끼동물을 보면 우리는 대개 얼굴 근육의 긴장이 풀리고 저절로 미소 짓게 된다. 그때만큼 자애롭고 마음이 넉넉해지는 때가 없다. 바로 이런 상태가 마음의 문이 활짝 열린 상태 아닐까?

갓난아기나 걸음마를 막 뗀 어린아이는 잘하는 일이 없

다. 잘하기는커녕 제대로 할 수 있는 일도 없다. 아기는 그저 잘 먹고 잘 자고 편안히 숨 쉬길 바랄 뿐이다. 아기에겐 탓을 하지도 않는다. 울고 떼써도 배가 고픈지, 어디가 불편한지 살피고 달랠 뿐, 아기에게 화내지 않는다. 걸음마를 하며 온 집 안을 헤집어놓아도 아기에게 뭐라고 하지도 않는다. 머리끝까지 화가 났어도 아기의 미소 한 번에 녹아내리고 만다.

우리는 아기에게 '나'를 내세우지 않는다. 아기에게 나의 노고나 내가 얼마나 대단한 존재인지 인정받기를 바라지 않는다. 아기를 대할 때만큼 내 이익이나 만족을 접고 기꺼이 상대방을 우선시하는 경우가 없고, '나'라는 자아를 지키기 위해 세웠던 방어벽을 허물어버리는 경우도 없을 것이다. 이처럼 '나'를 내려놓고 주어진 상황을 있는 그대로 받아들이는 모습이 가슴 활짝 열린 상태다. 가슴으로 산다는 건 세상과 사람들을 향해 마음의 문을 여는 태도인 것이다.

목에 들어간 힘을 아랫배로 옮기기

조현병을 스스로 이겨내기로 결심한 내쉬는 학창 시절 경쟁자였던 마틴을 찾아간다. 그는 모교인 프린스턴대학 학장이 되어 있다. 내쉬는 마틴에게 자기 처지를 사실대로 고백하며, 자신에게 친숙한 학교 도서관에 매일 나와서 연구할 수 있게 해 달라고 도서관 출입 허락을 구한다. 예전의 내쉬였다면 학창 시절 가장 치열한 경쟁자였던 마틴에게 부탁 따위는 절대로 하지 않았을 것이다. 또는 마틴의 지위와 자기 처지를 비교하며 아쉬운 소리 해야 하는 자신의 처지를 부정했을 것이다.

180도 달라진 내쉬의 변화는 그뿐만이 아니다. 학창 시절엔 자기보다 못한 사람들 얘기를 듣는 데 시간을 허비하지 않겠다며 한 번도 출석하지 않았던 강의를 다시 듣기 위해 자기보다 훨씬 어린 후배 교수를 찾아간다. 그에게 청강을 요청하고 마치 신입생인 양 학생들과 함께 교실에 앉아서 공부한다. 내쉬 균형[6]을 연구하는 학생이 자기도 내쉬처럼 독창적인 주제를 찾고 있다며 경외를 표해도, 옛날처럼 우쭐대지 않고 그저 담담하게 반응한다.

그가 학생을 가르치고 싶은 이유도 사람들에게 인정받고 싶어서가 아니라 그저 사회에 기여하기 위함이다. 노벨상 수상 소식을 귀띔하러 온 사람에게 자신은 정상이 아

---

6   게임 이론에서 사용되는 개념으로, 여러 참가자가 서로의 선택을 알고 최선의
     선택을 했을 때 누구도 자신의 선택을 바꾸지 않는 안정적인 상태. 예를 들어,
     두 사람이 길을 걸을 때 서로 충돌하지 않도록 같은 방향으로 걷는 것.
     이 이론으로 존 내쉬는 노벨 경제학상을 받음. (wikipedia 등)

니고 아직도 환상이 보인다고 솔직하게 말하며 자신을 있는 그대로 드러내기도 한다. 노벨상을 받지 못할 수도 있는데…….

학창 시절과 국방연구소에서 일할 때 자신(의 우월함)을 증명하는 일에 집착했던 모습과 달리 내쉬는 더 이상 '나'를 내세우기 위해 애쓰지 않는다. 이런 모습은 스스로 자기 부족을 있는 그대로 받아들이고 사람들과 세상을 향해 마음의 문을 활짝 열고 있음을 드러낸다. 우월성을 인정받아야만 존재할 가치가 있다고 여기던 사람이 타인에게 마음의 문을 열기란 엄청난 용기가 필요하다. 자아를 내려놓는 일은 에고 차원에선 죽음처럼 느껴져 두려움과 저항, 그리고 의심이 일어나기 때문이다. 그런 면에서 '뷰티풀 마인드'는 중증의 질환을 앓으면서도 노벨상을 수상한 내쉬의 위대한 업적이 아니라, 자아에 갇혀 있던 자기 자신을 극복한 용기와 노력을 의미한다.

내쉬가 마음의 문을 열고 손을 내밀자 친구는 든든한 지원을, 교수와 학생은 존경과 경의를, 세상은 영광을 안겨준다. 내쉬는 줄곧 사람들이 자신을 환영하지 않는다고 여겼지만, 친구들은 내내 그의 곁에서 그를 걱정하고 함께 기뻐해왔다. 다만, 내쉬 자신이 마음의 문을 굳게 닫고 있었기에 그 호의를 느끼지 못하고 오히려 왜곡해서 받아들였던 것이다. 내쉬는 머리보다 가슴으로 사는 연습을 하면서 자신이 특별하지 않아도 괜찮다는 사실을 조금씩 깨닫는다.

나는 직업적 성취와 자기 존재 가치를 분리하면서 마음의 문을 열 용기를 내기 시작했다. 내가 가는 명상센터가 있는데, 그곳은 오로지 수련생의 기부와 자원봉사로만 운영된다. 봉사자가 부족할 땐 수련생이 숙소 복도를 쓸고, 쓰레기도 버리며, 화장실 변기와 바닥 청소를 하기도 한다. 그중 화장실 변기와 바닥 청소 일은 늘 지원자가 없다. 나도 항상 선뜻 나서지 못했는데, 그날은 이상하게 그 일에 계속 마음이 끌렸다. 이미 다른 일에 지원을 했는데 그 일도 결국 내가 하겠다고 나섰다. 나는 기꺼운 마음으로 내집 화장실처럼 꼼꼼하게 성심성의껏 닦았다.

내쉬가 조현병을 스스로 치료하면서 이전과 정반대로 바뀌었듯이, 20대 때 직장에서 맡은 일을 하찮게 여기며 기어이 업무를 바꿨던 나도 그때와는 많이 달라졌다. 성과가 곧 그 사람의 가치를 판가름한다고 여겼던 내쉬처럼, 예전의 나도 일과 나를 구분하지 못하고 어떤 일을 하느냐에 따라 사람을 판단했다. 그랬던 내가 사람들이 꺼리는 일을 정성껏 할 수 있었던 건 일은 일이고 나는 나라는 분리가 이루어진 덕이다. 그렇게 거대했던 자아(에고)가 작아지면서 진짜 나를 발견하고, 내 가치를 내가 하는 일이나 타인의 시선과 평가가 아닌 나 자신의 내적 기준에 둘 수 있게 되었다.

자기중심이 있으면, 고개를 빳빳이 들고 있기 위해 목에 힘을 주고 승모근을 단단하게 세울 필요가 없다. 어떤 운동이든 코어가 핵심이다. 몸의 중심부인 코어에 힘이 차 있으면 나머지 부위를 유연하고 자유롭게 움직일 수 있다. 마찬가지로 자기 본질에 대한 발견과 자각을 통해 자기 가치나 행위의 의미를 자신만의 내적 기준에 두는 자기 중심을 갖추게 되면 자존심, 아집, 오만 등 거짓 자아를 지키기 위해 마음의 방어벽을 세우지 않아도 된다. 현실을 왜곡하지 않고, 당당하면서도 열린 마음으로 유연하고 자유롭게 생각하고 행동할 수 있는 것이다.

레볼루셔너리 로드

펑범함을 참을 수 없는 에이프릴의 집착

＊

특별함은 경험 자체가 아니라 경험에 대한 태도에 달려 있다

국회의원실에서 일하며 처음 본청으로 심부름 가던 길을 잊을 수 없다. 의원회관과 본청을 연결하는 지하보도로 내려가기 위해 2층(지금은 3층)에서 의원회관 정문 쪽을 지나쳐 엘리베이터를 향해 가고 있었다. 2층은 한쪽을 난간으로 만들어 1층을 내려다볼 수 있는 구조다. 그 난간을 지나면서 고개를 살짝 돌리면 1층 정문과 건물 밖이 보인다. 그 길을 지나는데 마침 본회의를 마치고 자기 사무실로 가려는 의원들이 의원회관으로 들어오고 있었고, 그 뒤에는 검은색 세단이 줄지어 서 있었다. TV 뉴스에서나 보던 사람들, 많은 사람에게 막대한 영향을 미치는 중요한 사람들

과 내가 함께 일한다는 사실에 가슴이 부풀었다. 국회는 나를 특별한 사람으로 만들어주는 곳이었다.

에이프릴에게 레볼루셔너리 로드의 희고 아름다운 집 역시 그를 특별한 사람으로 만들어주는 곳이었다. 하루하루 살아내기 급급한 배관공과 목수들이 사는 평범한 동네 끝에서 코너를 돌자마자 푸른 언덕 위에 화사한 모습으로 우뚝 서 있는 그 집은 평범한 사람들의 그저 그런 삶을 거부하는 에이프릴과 프랭크 부부에게 더없이 어울리는 곳이었다. 그 집을 처음 본 에이프릴의 눈빛이, 공무수행 마크가 붙은 통근버스를 타고 출근하며 창밖으로 국회를 바라보던 내 표정과 오버랩되었다.

하지만 그 특별함은 오래가지 않았다. 정책 업무로 전향하고 얼마 간 국회의원들과 함께 회의할 때면 어깨가 으쓱했다. 내가 정말 즐겁게 일할 수 있고, 나를 진정 특별하게 만드는 일을 찾았다고 생각했다.

몇 해가 지난 어느 날, 출근길에 매일같이 여기서 벗어나고 싶다는 말을 되뇌는 나를 발견했다. 매번 반복되는 질의 자료, 입법안 자료 작성이 익숙하다 못해 지겨웠다. 똑똑하고 잘난 사람들과 하는 회의도, 유수의 기관장들과 나누는 악수도 더 이상 특별하지 않았다. 그저 평범하고, 오히려 스트레스만 쌓이는 지겨운 일들에 지나지 않았다.

결혼 8년 차에 접어든 에이프릴과 프랭크 역시 더 이상 레볼루셔너리 로드의 희고 아름다운 그 집에서 특별함을 발견하지 못한다. 처음에 느꼈던 그 특별함은 거듭되는 일상 속에서 이내 익숙함과 평범함으로 퇴색했고, 그들은 아내이자 엄마로서, 남편이자 아버지로서 하루하루 생활을 해나가는 지극히 평범한 부부가 되었다. 내가 그랬듯 에이프릴과 프랭크 부부 역시 매일 똑같이 반복되는 권태로운 일상에 점차 짓눌린다.

에이프릴이 추구했던 특별함의 의미

그래도 에이프릴은 특별한 삶에 대한 기대를 포기하지 않는다. 그녀는 자기가 원하는 대로 사는 삶만이 사는 것처럼 사는, 근사하고 행복한 삶이라 여겼다. 다른 평범한 사람들처럼 일상의 쳇바퀴에 치여 어쩔 수 없이 하기 싫은 일을 하면서 사는 건 인생 낭비이고, 그런 사람들과 다르게 하고 싶은 걸 하면서 살아야 의미 있는 삶이라는 신념을 고집했다. 그리하여 무모한 계획으로 프랭크를 설득해 파리로 이사 가기로 한다. 비로소 사는 것처럼 살게 되리란 기대감에 활기를 되찾는 듯했지만, 일이 뜻대로 흘러가지 않아 레볼루셔너리 로드를 벗어날 수 없게 된다. 결국 에이프릴은 현실을 받아들이지 못한 나머지 비극적 선택을 하고 만다.

「레볼루셔너리 로드」는 평범함을 참지 못한 부부의 이야기다. 이들은, 특히 에이프릴은 왜 그토록 특별함에 집착했던 것일까? 그녀의 경우는 존 내쉬처럼 단지 우월성을 추구한 건 아니었다. 이웃과 대화하던 중 에이프릴은 문득 자신의 평범한 일상이 자기가 생각하는 의미 있는 삶에 부합하지 않는다는 사실을 깨닫는다. 너무도 무모해보이는 파리로의 이주를 대뜸 도모하게 만든 건 바로 그 자각이었다.

삶의 의미는 자기만의 삶의 방식을 추구하도록 이끈다. 그것은 곧 다른 사람과 구별되는 자기 차별화의 바탕이 된다. 반면, 평범함 속에서는 다른 사람과 구분되는 자신만의 차별성을 찾기 어렵다. 자신을 차별화시키지 못하면 자기 정체성이 모호해져 내가 누구이고 무엇이 되어 어떻게 살아야 할지 고민하기 어려워진다. 그런 상태에서는 직업 선택이나 사회적 입장, 삶의 방향 등 일상이나 삶의 기로에서 마주하는 질문 앞에서 흔들릴 수밖에 없고, 결국 사회적 통념이나 타인의 시선에 맞춰 살게 된다. 평범함을 거부하며 자신을, 자기 삶을 차별화시키려 발버둥 치던 에이프릴이 원한 건 단지 특별함이 아니라 삶의 의미였던 것이다. 다만, 외형적인 특별함에서 그 의미를 찾으려 했다는 게 문제였다.

삶의 의미를 외형적 측면에서 찾는 건 윌러 부부만이 아니다. 명문대에 진학해 근사한 직업을 갖고, 승승장구해서 고위직에 오르며, 부자 동네에 입성하기 위해 분투하는 현대인에게 외형적 특별함은 단지 달성해야 할 목표나 이루고 싶은 바람이 아니라 삶의 의미 자체가 되기도 한다. 그렇지 않다면 그런 목표나 바람을 이루고 난 뒤에 문득 허무함을 느끼고 방황하는 일이 생길 리 없다.

종교와 신분을 기준으로 삶의 가치가 단순하고 획일적으로 구분되던 전근대와 달리, 현 시대는 내적 기준의 부재로 고통을 겪는다. 특히 사회·문화적으로 공유되는 가치관이 없는 영향도 적지 않다. 이는 각자 스스로 원하는 바를 추구할 수 있게 되면서 비롯된 근대 이후의 특징이다. 월러 부부 이야기는 일상에서, 또 삶의 중요한 기로에서 마주하게 되는 어떤 선택의 순간에, 필요한 기준을 갖지 못한 채 삶의 의미를 찾으려고 고군분투하는 현대인의 모습인 것이다.

거대한 군대 같은 현대인의 삶

중세 시대엔 삶의 의미 따위로 고민할 필요가 없었다. 그 시대엔 명확한 답이 있었다. 신이다. 신을 구심점으로 세상 모든 것이 정렬되고 인간 세상은 신이 머무는 세계의 연장이었다. 왕, 귀족, 성직자부터 농노, 상인 등 평민까지 각각의 신분에는 신의 뜻이 반영되어 있다고 여겼고, 그에 따라 삶의 방식과 행동 양식 등 모든 게 결정되어 있었다. 신이 지배하는 사회에서는 부조리한 관습마저 신의 의지로 받아들여졌다. 사람들은 자기가 어떤 사람이고 무엇을 추구해야 하는지 굳이 고뇌하지 않았고, 자기 내면을 들여다볼 이유도 없었다.

근대는 신의 세상과 인간 세상이 분리된 시대다. 신이 사라진 세상에서 이전에 신의 뜻이라고 받아들여지던 신분제도는 유지될 수 없었다. 신분의 옷이 벗겨지자 알몸이 드러났다. 그러자 인간은 각자의 고유한 생김새를 직시하게 되었다. 소속이나 신분을 걷어내고 인간으로서 자기 자신의 고유성을 자각하면서 인간은 타인도 나처럼 유일무이한 존재라는 사실을 깨달았다. 그렇게 비로소 인간은 모두가 제각기 특별한 존재가 되었다.

신에게서 독립하면서 인간은 각자 자기 삶을 스스로 설계해야 하는 운명을 맞았다. 인간답게 살기 위해 선택하고 행동할 때 신을 대신할 새로운 의미와 기준을 세워야 했다. 그래서 인간 본질을 탐구하기 시작했다. 유전과 기후, 문화 등 한 인간에게 영향을 미치는 환경을 관찰하는 연구와, 의지와 감정, 정열, 충동 같은 인간 내면의 본성과 성질을 탐구하는 심리학과 인류학 등이 발달했다. 자기 자신

에 대한 인식을 돕기 위한 학문이 근대와 함께 발달한 것은 이 때문이다.[7]

한편으로 근대 이후 세상은 마치 하나의 거대한 군대처럼 통일되기도 했다. 성인이 되어 직업을 갖고, 결혼하고, 아이를 낳아 키우는 건 역사 이래 꾸준히 이어져온 삶의 수순이다. 그러나 세상 모든 사람이 통일된 달력과 시간 체계를 기준으로 하루를 보내게 된 것은 근대 이후의 모습이다. 현대인들은 비슷한 시간에 일어나 학교 또는 직장에 가고, 비슷한 시간에 밥을 먹으며, 또 비슷한 시간에 집으로 돌아와 여가를 보낸다. 학교에서 "모든 동갑내기 아이들이 같은 장소에 모여, 같은 규율을 따르고, 같은 것을 배우고, 똑같이 행동할 것을 요구"받으며 청소년기를 보내기도 한다.[8]

전근대 시대에는 삶의 양상이 제각기 달랐다. 달력이란 게 없었고, 있다 해도 지역마다 날짜나 시간 체계도 달랐다. 식사는 정해진 시간이 아니라 배가 고플 때 하는 경우가 많았다. 신분이나 소속, 하는 일에 따라 기상하는 시간도 다르고, 잠드는 시간도 달랐다. 근대에 들어 개개인은 특별해졌지만 삶의 형태는 오히려 규격화되었다. 에이프

---

7   리하르트 반 뒬멘, 『개인의 발견』, 현실문화, 2005, p.116~150
8   니시카와 나가오, 『국민이라는 괴물』, 소명출판, 2002, p.43

릴이 평범한 삶에 숨 막혀하며 특별한 삶을 꿈꾸었던 것은 현대 생활의 이 같은 측면 때문이었으리라.

이런 현대인이 자기 개성을 추구하고 다양성이라는 선택의 자유를 누리면서 자기 고유의 삶을 모색하려면 어떻게 해야 할까? 에이프릴처럼 특별한 삶의 의미를 찾아 덜컥 삶의 터전을 옮길 정도의 무모한 희망을 품어야만 하는 건 분명 아닐 것이다.

현대인의 삶은 내가 '나'를 경험하는 여정

대만의 스펀 지역에는 풍등에 소원을 적어 날리는 곳이 있다. 많은 관광객이 그 바람이 이루어질 거라고 믿으며 높이가 1m 가까이 되는 풍등 4면에 소원을 적는다. 나는 그곳을 방문했을 때 풍등을 날리지 않았다. 사람들이 쓴 소원을 보니 한결같았다. 행복, 화목, 건강, 학업 성취, 승진, 연봉 얼마, 사업 건승, 투자 성공, 심지어 로또 1등, 세계 화평까지. 수많은 사람들이 바라는 바가 다 비슷비슷했다. 풍등하나에 담긴 소원만 이뤄져도 덩달아 내 것, 네 것 다 이뤄지는 소원 홀로그램이 따로 없는 것 같았다. 풍등을 날리는 대신 하늘로 떠오르는 풍등을 바라보면서 그 소원들이 성취되도록 마음을 보태는 것만으로도 내 소원을 기원하는 것이나 마찬가지인 것 같았다.

몇 해 지나서 나는 스펀에 다시 갔다. 이번에는 부모님 그리고 어린 조카들과 함께 붓을 잡고 풍등에 써서 날릴 소원을 생각했다. 부모님의 바람은 가족의 건강과 화목이고, 어린 조카들은 부자 되기였다. 나는 좀 더 구체적으로 써보자고 제의했다. 어디가 어떻게 얼마나 건강하기를 원하고 어떤 화목을 바라는 것이며, 부자가 되고 싶다면 어느 정도의 부자가 되고 싶은 것인지 물었다. 부모님과 조카들은 잠시 붓을 멈췄다. 짧은 시간이지만 부모님과 조카들은 자기 자신을 탐구했다. 시간이 충분했다면 그 탐구는 더 깊은 성찰로 이어졌을 것이다. 그렇게 쓰인 부모님과 조카들의 풍등 소원은 다른 풍등의 그것들과 달랐고, 그래서 특별했다. 다른 사람이 그 소원에 슬쩍 숟가락 얹기 어려울 정도로 부모님과 조카 개개인의 정체성이 세세히 반영되어 있었기 때문이다.

자기 자신을 세밀하게 관찰하고 탐색하면 자연히 자기고유의 특별함을 찾게 된다. 일상의 삶에도 주의를 기울이면, 매일 반복되는 진부한 생활에서도 의미를 발견할 수 있다. 미국 철학자 휴버트 드레이퍼스와 숀 켈리는 모닝커피 루틴을 예로 들면서 이를 일상에서의 의례라고 표현한다.[9]

---

9   휴버트 드레이퍼스, 숀 켈리, 『모든 것은 빛난다』 사월의책, 2013, p.369

모닝커피에는 각성 효과가 있지만, 단지 기상 후 각성이라는 카페인의 기능적 측면을 목적으로 삼는다면, 모닝커피 마시기는 의례가 될 수 없다. 박카스 같은 각성음료나 각성제 약물로 대체할 수 있기 때문이다.

그들은 커피를 단지 기능적 음료 이상으로 여기는 이들에게 "모닝커피에서 더 많은 의미 구별"이 가능한지 자문해보라고 한다. 왜 나는 홍차보다 커피를 선호하며, 커피의 어떤 점에 끌리는가? 만약 커피의 맛과 향 때문이라면, 어떤 커피 종류와 추출법이 적당한가? 컵이나 장소는 어떤 것이 좋은가? 이러한 질문은 커피를 매개로 자기 자신의 한 측면을 탐구하는 것이다. 커피를 통해 자기가 무엇을 원하고, 어떤 걸 좋아하며, 어떤 성향의 사람인지 알게 되는 것이다.

에이프릴이나 프랭크가 평범한 일상을 따분하고 무의미하게 느낀 건 집안일과 직장 업무를 기능적 수단으로만 여겼기 때문이다. 그런 일은 로봇이 대체해도 그만이다. 그러나 인간은 똑같이 반복되는 일을 특별하고 세련된 활동으로 만들 수 있다. 그 일에서 자기만의 특별한 의미를 도출할 수 있다. 이런 능력이야말로 마음만 먹으면 무엇이든 할 수 있다고 믿으며 현대를 살아가는 인간의 진정한 전지전능함 아닐까?

근사한 곳에서 근사한 일을 하면서 모두가 선망하는 삶을 누리더라도 결국 삶은 작고 사소한 일상의 일들로 이루어진다. 너무 작고 시시해서 무의미한 것 같지만, 인생 여정의 대부분을 채우는 건 바로 그 작은 일들이다. 그 보잘것없는 일상의 평범한 일들과 그런 일을 하는 내 행위를 아름답고 특별한 것으로 만드는 길은 오직 일상의 자기 자신을 관찰하고 탐구하는 태도에 있다.

그러고 보면 삶은 내가 세상을 경험하는 것이 아니라 내가 '나'를 경험하는 일인지도 모른다. 이렇게 생각하면 세상은 '나'를 경험하도록 해주는 매개에 지나지 않고, 비로소 '나'가 삶의 중심에 자리 잡는다. 내가 무엇을 경험하게 되느냐에 관심을 두면, 하기 싫은 일을 해야 하는 상황에 처한 것 자체가 불행이고 고통이다. 반면, 내가 '나'를 경험한다고 생각하면, 그 일을 하기 싫어하는 나 자신을 자연스레 관찰할 수 있다. 이러한 관찰을 통해 나를 더 잘 알게 되고, 원치 않는 상황에 처해도 살아갈 지혜를 스스로 발견할 수 있다. 반대로 칭찬이나 인정을 받을 때 또는 비난받을 때 '나'를 경험하는 자세는 타인의 평가에 따라 마음이 흔들리는 걸 붙잡아준다. 무엇을 경험하느냐보다 경험을 내가 어떻게 받아들이느냐에 방점을 찍는다면 내게 생기는 사건이나 나를 둘러싼 사람들, 환경의 변화에 흔들리지 않고 삶의 방향타를 쥘 수 있다.

　온전한 나다움은 내가 '나'를 경험하고자 할 때 발견된다. 이런 삶이야말로 에이프릴이 갈구하던 '사는 것처럼 사는' 모습 아닐까?

위대한 쇼맨

바넘의 기이한 서커스 단원들이 부르는 합창
"그래, 이게 나야!"

*

인간이 가장 빛날 때는 온전히 나다울 때다!

나는 내가 중요하게 여기는 주변 사람이나 나 자신의 기대에 미치지 못한다고 느낄 때 스스로 초라함을 느낀다. 학창 시절엔 부모의 기대에, 직장에서는 상사의 기대에, 무엇보다 나 자신의 기대에 미치지 못한다고 느낄 때마다 자괴감에 빠졌다. 똑똑한 친구나 능력 있는 상사, 동료와 견주며 열등감을 키우기도 했다. 머리가 좋은 것도 아니고 집념이 강한 것도 아닌 데다가 작은 키와 통통한 체형, 약한 체력과 중증 비염 등의 면역 계통 질환까지 온통 콤플렉스였다. 이런 감정은 마음 버릇이 되어 지금까지도 툭하면 나 자신을 비판하고 책망한다.

바넘의 서커스 단원들도 비슷하지 않았을까? 화려한 공연을 통해 사람들에게 자기 모습을 드러내기 전, 그들은 전형적인 외형에서 크게 벗어난다는 이유로 사람들에게 핍박받았다. 나처럼 주관적 판단에 의한 콤플렉스는 아니지만, 사람들을 피해 음지에 숨어 지내면서 자신을 부끄럽고 불만족스럽게 여겼을 것이다.

동기는 다를지라도, "고통스러운 자아의식을 수반하는 일련의 감정 체계"[10]에 속한다는 점에서 나와 바넘의 단원들이 느꼈던 감정은 크게 다르지 않다. 의기소침하게 숨어 지내던 바넘의 단원들이 결국 있는 그대로의 자기 자신을 받아들이고 당당하게 "This is me!"를 외칠 때, 내가 그토록 감정이입되어 환호했던 건 그 때문일 테니까.

진정한 '나다움'을 외치다

「위대한 쇼맨」은 19세기 미국의 실존 인물 P. T. 바넘의 생애를 모티브로 한 뮤지컬 전기 영화다. 쇼비즈니스 사업가였던 그는 오늘날 서커스를 처음 만든 사람으로 알려져 있다. 특이한 건 흑인, 키가 지나치게 작은 왜소증, 지나치게 큰 거구, 몸이 붙어 있는 샴쌍둥이, 수염 난 여성 등 차별과

---

10   조지프 버고, 『수치심』, 현암사, 2019, p.47

멸시로 떳떳하게 사회활동을 하지 못하던 사람들을 모아 관객에게 볼거리를 제공했다는 점이다.

오늘날에는 장애인을 돈벌이에 이용했다며 그를 비판적으로 평가하는 시각도 있다. 하지만 바넘은 기이한 외형의 사람을 핍박하던 당시 사람들과 달랐다고 한다. 평범한 사람을 고용할 때와 똑같이 계약서를 썼고 그에 따라 임금을 지불하는 등 수익분배도 공정하게 했다. 외모 때문에 멸시당하거나 신기한 구경거리 정도로만 여겨지던 사람들을 쇼라는 사업을 통해 경제활동의 기회를 주고 주체적 인간으로 대했다.

그런데 영국 왕과 귀족을 대상으로 한 공연을 앞두고, 상류층 인사들 틈에서 과거 가난했던 시절의 열등감에 사로잡히고 만다. 결국 그는 공연 전 축하 파티에 단원들을 들어오지 못하게 하는 등 여느 사람과 다를 바 없이 그들을 외면한다. 단원들은 상처받고 그 자리를 박차고 서커스로 돌아가는데, 이때 부르는 노래가 바로 「This is Me」다.

"이게 나야!"라면서 마치 '어쩔래?'라고 되묻는 듯한 외침은 더 이상 바넘에게 의존하지 않고 스스로 당당하게 살아가겠다는 결연한 다짐이다. 그동안 외모 때문에 숨어지내야 했던 자신을 낱낱이 드러낼 수 있었던 건, 스포트라이트 아래에 그들을 세운 바넘 덕이었다. 하지만 이젠 더 이상 누군가의 조명이 필요 없다. 그들은 사람들의 시선에 흔들리지 않고, 스스로를 인정하는 존재로 거듭난다. "This is Me!"라고 외치는 합창은 있는 그대로의 자기 자신을 받아들여 진정한 나다움으로 다시 태어나는 각성의 순간인 것이다.

있는 그대로의 인간을 보는 능력

영화의 시대 배경이자 바넘이 살았던 19세기는 신분제가 해체된 후였다. 영국엔 아직 왕과 귀족이 상징적으로 남아 있었지만, 미국에는 계층 차이는 있을지언정 애초에 세습되는 신분이 없었다. 서커스 단원을 향한 사람들의 태도를 보면 그럼에도 당시에 차별과 멸시가 얼마나 다층적으로 이루어졌는지 알 수 있다. 신분제 해체를, 신분에 따라 달리 입었던 의복을 벗겨내 알몸이 드러나게 한 사건이라고 은유한다면, 그렇게 드러난 신체적 차이에 대한 거부감은 아직 극복되지 않은 것이다. 오늘날에도 신체뿐 아니라 성별, 출신과 배경, 세계관과 가치관의 차이로 첨예한 갈등이 벌어지고 있다. 이런 현실은 차이에 대한 거부감을 극복하기가 여간 어려운 일이 아니라는 걸 보여준다.

그럼에도 함께 살아가기 위해 우리는 나와 다른 사람을 존중해야 한다. 하지만 그 일은 그저 '해야 한다'는 강박이

나 강요로 되지 않는다. 나와 현격하게 다른 사람일지도 머리가 아닌 가슴으로 존중하려면 우선 나 자신에게서 인간으로서의 본질을 발견해야 한다. 그러고 나서야 다른 사람에게서도 나와 같은 인간으로서의 본질을 발견할 수 있다. 타인을 존중하는 태도는 그를 나와 다를 바 없는 존재로 인식할 때 비로소 가능하기 때문이다.

르그로[11]에 의하면, 신분이나 조건에 따른 차별과 멸시를 당연시하던 전근대에도 존중이나 존엄에 대한 윤리적 감수성이 있었다. 다만 이 감수성은 보편적 인간이 아닌, 같은 신분, 국적, 성별, 종족 등 내가 소속해 있는 집단을 중심으로 한 특정 조건 아래에서만 발현되었다. 고대 로마인이 잔인한 검투사 게임을 오락으로 즐길 수 있었던 건 검투사가 자신들과 다른, 심지어 노예보다도 낮은 신분이었기 때문이다. 검투사에게서는 자신들과 같은 인간성을 발견하지 못했던 것이다.

인간이 모든 인간에 대한 연민을 갖게 된 결정적 계기는 역시 신분제 해체, 즉 신과 인간 세상의 분리다. 그런데 신분제 해체는 혁명이나 제도 개혁만의 결과가 아니었다. 신

11   츠베탕 토도로프, 포크루유, 로베르 르그로, 『개인의 탄생; 서양 예술의 이해』, 기파랑, 2002, p.149

분제 시대에도 이미 타인을 나와 닮은 존재로 느끼고 바라보는 인식이 마련되고 있었다. 그런 변화를 싹 틔운 것이 바로 '양심'이다.

양심이란 개념을 연구한 이스라엘 역사학자 마틴 반 크레벨드에 의하면, 고대 철학에서는 양심을 선택의 자유를 전제하는 자율적 태도로만 이해했다.[12] 양심이 신앙과 결부된 구원의 수단으로서 도덕적 실천의 동력이 된 건 4세기 말, 성 아우구스티누스에 이르러서다. 그는 양심을 "영혼이 들을 수 있는 신의 목소리"라면서 신앙생활에서 양심의 역할을 강조했다. 이후 양심은 기독교(가톨릭) 사제와 신학자의 핵심 연구 논제로 발전되었다. 그러나 사람들이 삶에서 실천하지는 못하고 이론서에나 존재하는 도덕적 가능성으로만 머물러 있었다.

양심을 인간이 발 딛고 있는 현실로 가져온 사람은 루터다. 그가 종교개혁으로 세세하고 복잡한 가톨릭 교회 의례를 모두 폐지할 수 있었던 건 양심 덕이다. 모든 인간에게는 각자의 영혼이 신의 목소리를 직접 들을 수 있게 하는 내적 장치, 즉 양심이 주어져 있고, 그에 따라 행동하기를 '선택할 힘(능력)'도 있다. 그렇게 기존에 사제가 수행하던 형식적

---

12   마틴 반 크레벨드, 『양심이란 무엇인가』, 니케북스, 2020, p.82

의례를 각자의 양심에 맡기면서 종교개혁이 지향한 신앙의 자율성(자유)이 이루어졌다. 이를 계기로 사람들은 양심을 매개로 자기 내면을 바라보고 관찰하기 시작했다.[13]

그러면서 사람들은 개개인이 스스로 옳고 그름을 판단할 수 있는 독립적 존재라는 사실을 자각하게 되었고, 그 인식은 종교적·도덕적 삶에 국한되지 않고, 일상과 사회 전반으로 확산되면서 인간을 자율성과 개별성을 지닌 주체로 바라보는 관점으로 발전해 나갔다. 양심 덕분에 모든 인간의 도덕적 잠재력이 평등하다는 사실을 깨닫게 되자, 이러한 인식이 신분제 해체라는 정치·사회적 평등 체제로 이어진 것이다.

하지만 소속, 관계, 배경 등과 같은 전제 없이 자신과 타인의 본질을 인식하고, 이를 바탕으로 타인을 존중하기 위해서는 한 가지 자질이 더 필요하다. 다름에 대한 이해와 공감이다. 인간의(도덕적)자율성과 개별성에 대한 인식은 자기 자신에 대한 것에서 그치지 않고, 타인 역시 그러한 잠재력을 지닌 존재임을 인식하고 공감하는 데까지 나아가야 한다. 그러한 인식과 공감을 표현하는 행동이 존중이고, 그로써 인간은 서로에게 새롭고 유일한 존재로 받아들

---

13   같은 책, p.119

여진다. 따라서 다름에 대한 공감이란 인간은 모두가 서로 다르다는 점에서 같다는, 즉 다름을 전제한 같음의 자각에 기반해야 하는 것이다.

이러한 공감은 표면적인 유사성에 의해 자동적이고 즉각적으로 일어나는 공감과 다르다. 보는 즉시 판단할 수 있는 외형적 단서에 근거하지 않기 때문이다. 지적인 상상력과 맥락에 대한 세심한 고려, 그리고 합리적 추론에 따른 적극적인 이해가 필요하다.

표면적인 공통점에 근거한 공감의 부정적 사례가 소위 오지랖 아닐까? 무슨 일이든 참견하고 간섭하려는 이 행동은 자신이 상대방의 사정과 기분을 잘 안다는 전제하에 이루어진다. 하지만 인간은 타인의 상황이나 마음을 오직 추측할 수 있을 뿐, 알 수는 없다. 삶 자체가 자기 자신을 알아가는 과정이라 할 정도로 자기 자신조차 제대로 알지 못하는 경우가 대부분인데, 비슷한 경험을 해본 적 있다고 해서 어떻게 상대방에 대해 안다고 할 수 있을까? 오지랖은 인간의 이런 인식적 한계를 간과해서 벌어지는 일이다. 내가 알 수 없는 영역이 엄연히 존재한다는 사실을 간과하는 태도는 오만과 다를 바 없다.

타인을 온전히 존중하는 일은 그도 나와 같은 유일한 존재임을 인지할 때 가능하다. 나처럼 유일한 자로서 그를 온전히 마주함으로써 나는 그와 연결되지만, 한편으로는 바로 그렇기 때문에 그의 감정이나 상황을 내 것으로 만들지 않고 거리를 둠으로써 그의 영역을 온전히 지켜줄 수 있다. 그로 인해 나 자신 또한 온전히 '나'로 있을 수 있다. 있는 그대로의 나와 타인, 나아가 인간을 존중하는 태도는 이렇게 공감의 질적 향상을 이룰 때 가능하다. 내가 세상 유일무이한 고유의 존재이듯 모든 인간은 저마다 다르다는 인식에 바탕한 공감이다.

'나다움'의 길, 내 부족한 모습을 받아들이기부터

바넘의 단원들은 화려한 쇼에서 사람들에게 큰 호응을 받으면서 자신감을 회복하기 시작한다. 하지만 외적인 차별이 사라지고 사람들에게 박수갈채를 받더라도 자기 자신에 대한 부정적 감정은 쉽게 사라지지 않는다. 이러한 감정은 단순히 타인의 평가나 시선이 아니라 자기 자신을 어떻게 바라보느냐에 달려 있기 때문이다. 부끄러움, 당황스러운 마음, 민망함, 죄책감, 굴욕감, 자괴감 등과 같은 감정은 "원치 않는 상황이나 방법으로 자신의 유약함이 노출될 때"뿐만 아니라 "타인을 향한 내 관심이나 애정이 보답받지 못한다고 느낄 때, 의미 있는 집단에서 소외당한다고 느낄 때, 스스로 거는 기대감이나 의미 있는 다른 사람의 자신에 대한 기대치에 미치지 못했다고 느낄 때"[14]와 같이 지극히 주관적 해석에 의해서 비롯되는 경우도 많다.

이처럼 악의를 갖고 공격하는 타인이 없어도 부정적 감정이 스스로 일어나기도 하기 때문에 일상 속에서 이러한 자기부정의 고통을 피하기 어렵다. 그러나 이런 감정은 자기에 대해서 미처 알지 못했던 측면을 알 수 있는 매개가 될 수 있다. 자의식과 직접적으로 관련 있는 감정인 덕이다. 이러한 감정을 내면 성장에 활용하도록 돕는 정신분석가 조지프 버고는 자신에 대한 부정적 감정이 들 때야말로 자신에 대한 유용한 정보에 접근할 수 있다고 말한다. 내가 누구인지, 어떤 사람이 되길 기대하는지, 나와 관련된 무엇이 또는 어떤 점에 잘못이 있는지 같은 물음을 자문할 수 있는 기회가 되기 때문이다. 이런 작업은 자기 자신에 대한 진실과 직면할 용기에서 시작된다. 부끄럽고 외면하고 싶은 자신의 부족함을 인정하는 것이다.

나는 최근까지도 자기혐오에 시달렸다. 자기관리에 실패한 탓에 거울 속 내 모습을 도무지 나라고 받아들일 수 없었다. 문제는 술이었다. 술을 자주 마시자 살이 찔 뿐만 아니라 얼굴이 퉁퉁 붓고 안색마저 칙칙해지는 것 같았다.

---

14   조지프 버고, 『수치심』, 현암사, 2019, p.53

더 큰 불만은 하루를 헛되이 보내는 생활 태도였다. 오후부터 밤늦게까지 술을 마시느라 읽어야 할 책이 쌓이고 원고 작업이 제자리걸음을 벗어나지 못했다. 그렇게 그날 오후를 허송세월하고, 늦게 자고 일어나는 바람에 다음 날까지 하루를 망쳐버리는 날이 잦았다. 점차 나 자신을 감당하지 못하고 있다는 위기감과 두려움이 엄습했다. 참을 수 없는 거울 속 모습은 그런 생활방식의 결과였다. 어떻게 해야 이 굴레에서 벗어날 수 있을까?

무엇보다 먼저 할 일은 거울 속 모습을 내 일부로 받아들이는 마음가짐이었다. 혐오스러운 그 모습이 나라는 사실을 나 자신은 격렬히 거부하고 있지만, 당장 절주하고 생활방식을 바꾼다 해도 거울 속 모습이 달라지는 데에는 시간이 필요하다. 그때까지 거울 속 모습은 여전히 내가 거부하는 그 상태일 테고, 그 거울 속 존재를 확인할 때마다 나는 나 자신에 대한 부정적인 감정으로 고통을 겪어야 한다. 안달하는 마음과 괴로움을 회피하고 싶은 충동에 휩싸인 나머지 또다시 그 생활을 반복할 게 뻔하다.

심호흡을 크게 했다. 격렬한 거부감과 두려움이 뒤섞여 소용돌이쳤지만 용기를 내 거울 속 모습을 내 일부로 받아들이려고 며칠간 노력했다. 거울을 볼 때마다 일어나던 고통스러운 느낌이 차츰 잦아들었다. 그러자 운동과 정상적인 식사를 하며 생활방식을 교정하는 일이 수월해지는 듯했다. 이제 거울 속 모습이 예전의 내 모습으로 바뀌는 건 시간문제였다.

목표를 설정하고 문제를 해결해가며 그 목표를 달성하는 성취로 자부심을 갖게 되는 과정은 자존감으로 이어지는 확실한 경로다. 하지만 부족하면 부족한 대로, 지금 그대로의 자기 자신을 받아들이는 작업이 그러한 경로와 상충하는 것은 아니다. 자기 인정은 부족하고 불만스러운 현재 자신을 가만히 내버려두는 자포자기를 의미하지 않는다. 오히려 목표 달성이란 성취를 가능하게 하는 전제다. 성취에만 집착하다가는 본말이 전도되기 쉽기 때문이다. 체중감량에 매달리다가 무리한 식이요법으로 식습관이 엉망이 되어 요요를 반복하는 경우와 같다. 다이어트의 본질은 체중이나 신체 치수 같은 숫자가 아니라 생활습관의 변화다. 생활습관을 바꾸는 일은 눈에 띄지 않는 작은 변화를 통해 이루어지는, 인내심이 필요한 일이다. 부족한 자기 자신을 우선 받아들여야 하는 건 그 때문이기도 하다.

있는 그대로의 자기 자신, 즉 자기의 부족함을 대면하고 받아들이는 태도는 내가 무엇에 집중할지, 어떻게 변화해 나가야 할지를 알 수 있게 한다. 어떤 부분을 어떻게 보완할지, 아니면 어떤 강점을 더욱 개발해야 하는가와 같은 문제에 방향을 제시해주는 것이다. 예컨대, 모두가 알고 있는 연예인이 오늘날 기준에서 자칫 약점이 될 수도 있는 작은 키와 통통한 체형을 있는 그대로 받아들여 자기만의 개성으로 살려내지 않았다면, 지금처럼 사랑받기 어렵지 않았을까? 자기 외모나 약점을 받아들이지 못해 그것을 감추거나 바꾸려고 본업에 투자해야 할 시간과 에너지 대부분을 소진한 사람 가운데 성공한 경우는 드물다.

성공한 사람은 대개 자신감 넘치고 당당하다. 언뜻 보기엔 성공했기에 자신감 있고 당당한 태도를 가진 것 같다. 그러나 성공이라는 결과에만 근거한 자신감은 지속하기 어렵다. 그 성공에 작은 균열이라도 나면 자신감도 타격을 받을 것이기 때문이다. 실상은 애초에 자신감 있고 당당했기에 성공이 뒤따른 것 아닐까? 성공이란 전제를 필요로 하지 않는 자신감과 당당함은 자기 자신을 있는 그대로 받아들이는 태도에서 비롯한다. 인간은 완벽할 때가 아니라 온전히 나다울 때, 즉 있는 그대로의 자기 자신을 받아들일 때 가장 빛난다. 사람들은 그런 사람에게서 매력을 느낀다.

마스터 The Master

마스터에게 의존하던 프레디의 탈주

*

불완전함이 온전한 인간 모습이다

2022년 초, 유튜브 채널 '나몰라패밀리핫쇼'의 갈끄니카노 래방 코너(MC 김홍남, 패널 김태환)에 또 다른 유튜브 채널 '피식대학' 멤버 세 명이 게스트로 나왔다. 피식대학의 한 코너 '한사랑산악회'의 캐릭터로 출현한 그들과 MC, 패널이 다 함께 왁자지껄하게 이야기 나누던 중이었다. 한사랑산악회 배용길(김용주)이 패널 김태환에게 뭘 좋아하느냐고 물었다. 김태환은 "후배들 만나서 나보다 더 힘든 얘기 듣는 거 좋아한다"고 답했다. 그러자 또 다른 산악회 멤버 정광용(정재용)이 얘기 들어주는 것만큼 좋은 선배가 없다며 칭찬했다. 배용길은 김태환이 배고픈 후배 밥값을 대신 내준 적 있다는 미담을 풀었다. 주위에서 김태환을 띄워주며 훈훈한 분위기가 되자 김태환은 개그맨 특유의 재치로 짓궂게 설명했다.

"그러니까, 힘든 애들한테 힘든 얘기 듣는 대신 밥값을 계산하는 거지. 배낭여행가는 느낌인 거예요. 인도(처럼 편의시설이 열악한 곳) 같은 데 가서 (한국에서의) 내 삶에 감사하게 되고 그런 것처럼. 아무리 잘 나가는 후배라도 힘들어하는 게 한 가지씩은 있더라고. 그거 들으면 또 (나는) 되게 행복해지고."

한마디로 '남의 불행은 나의 행복'이란 농담이었다. 어려움에 처한 타인과 지금 내 상황을 비교하며 스스로 위안하는 건 누구나 한 번쯤 해봤을 방식이다. 이런 식의 자기 위안은 지금의 나 자신에 만족하고 현재 상황에 감사하는 마음을 갖는 데 효과적이기는 하다. 그러나 힘든 일을 겪고 있는 그 사람에게 미안한 마음이 들기도 하고, 무엇보다 오래가지도 않는다. 고개를 돌리면 나보다 일이 술술 잘 풀리는 것 같은 사람이 보이기 때문이다.

조금 다른 방식도 있다. 다른 사람의 불행이 아닌 나 자신과 비교하는 방법이다. 지금보다 힘들었던 과거의 나 또는 지금보다 암울할 수도 있는 미래의 가정적 상황에 견주어볼 때에도 새삼 지금의 행복을 느낄 수 있다.

이러한 두 비교 방식에는 본질적 공통점이 있다. 완전하고 완벽한 상태를 전제로 한다는 사실이다. 위안과 만족을 얻기 위해 비교하는 행위는 한편으로 끊임없이 지금보다 더 나은 상태를 상정하고 있다는 무의식적 암시를 반영한다. '더 나은 상태'의 궁극은 완벽하게 행복한 상황일 수밖에 없다. 하지만 완벽한 행복에 도달하는 것은 불가능하거니와, 설사 도달한다 해도 그것을 지속하기란 더더욱 어렵다. 아무리 일이 잘 풀리는 사람이라도 한 가지씩은 힘든 일이 있더라는 개그맨 김태환의 말처럼, 현실에서 우리는 적어도 한두 가지 부족하거나 원치 않는 일로 고민하게 되지 않던가?

만약 지금의 불완전함이 실은 그 자체로 온전한 상태라면 어떨까? 온전함이 곧 완벽함은 아니다. 영화 「마스터」에서 프레디가 완벽해지기를 포기하고 자신의 불완전함을 온전함으로 받아들이듯이, 완벽하지 않아도 얼마든지 우리는 온전할 수 있다.

모터사이클 위에서 느끼는 자유의 해방감과 지금 이대로의 나

프레디 퀠은 제2차 세계대전에 참전했다가 전역 후 트라우마에 시달리고 있다. 불우한 유년 시절을 보냈고, 엄마가 정신질환 이력이 있어 유전적으로도 정신질환을 갖기 쉬운 상태다. 그는 이유 없이 공격성을 드러내, 다니는 직장마다 번번이 문제를 일으켜 쫓겨나거나 도망친다. 평범한 생활을 하지 못하는 그는 희망을 가질 만한 요소를 찾을 수 없고, 그 자신도 이를 알고 있다. 성 중독 환자이기도 한 그는 막상 여자와 잠자리를 가질 기회가 생겨도 매번 거절한다. 스스로를 정상이 아닌 부족한 사람이라고 여기는 콤플렉스 때문이다.

한편 랭케스터 도드는 '코즈'라는 신흥종교를 창시해 교인들을 이끄는 수장이다. 그는 종교단체 지도자답게 강력한 카리스마를 발휘하고, 유려하고 지적인 언변술을 구사하면서 완벽한 인간, 완벽한 세상을 만들 수 있다고 주장한다. 프레디는 랭케스터의 뛰어난 모습에 이끌려 랭케스터와 그의 부인 페기가 구상하는 더 나은 인간 만들기 프로젝트에 기꺼이 자신을 내맡긴다. 랭케스터를 마스터로 섬기고 자기 갱생을 전적으로 의탁하며 그들의 '완벽'세계관의 증거가 되기로 한다.

그러던 어느 날, 마스터와 황무지로 드라이브를 나간 프레디는 그곳에서 마스터가 지정한 지점까지 모터사이클을 타고 최대한 빨리 갔다가 돌아오기로 한다. 전속력으로 그 지점을 향해 달려가는 프레디. 그러나 돌아오기로 한 지점이 가까워져도 프레디는 모터사이클 속도를 줄이지도, 핸들을 돌리지도 않는다. 결국 프레디는 마스터가 허용한 선을 지나쳐 질주한다. 마스터가 한계지어 놓은 경계선을 아랑곳하지 않고 넘어가 버린 순간, 프레디는 더 이상 마스터의 권위 아래에서 그에게 의존하는 존재가 아닌, 독립적 인간으로 거듭난다.

프레디는 왜 하필 그때, 스스로 복종하던 마스터의 통제에서 탈주한 걸까? 사실 프레디는 그동안 랭케스터의 이론과 실행의 전개 방식이 허술하다는 걸 알고 있었다. 랭케스터가 프레디를 위로한답시고 하는 말이나 프레디에게 시행하는 프로젝트, 대중 앞에서 하는 연설 등이 모순적이고 얼토당토않다는 걸 눈치챘으면서도 모르는 척 랭케스터에게 맞장구치고 그의 권위에 충실하게 복종했다. 랭케스터가 과연 '마스터'인지 의심도 했지만 그에게서 벗어날 생각은 하지 않았다. 그랬던 프레디가 즉흥적으로 탈주를 감행한 건 모터사이클 때문이리라.

모터사이클은 내가 홀로 조종하면서 속도와 방향을 결정한다. 그걸 타는 동안 얼굴에 부딪히는 바람과 온몸에 전달되는 속도감은 자유의 감각을 일깨운다. 처음 느끼는 그 해방감 속에서 스스로 결정하고 실행하는 경험이 프레디 내면에 잠재해 있던 자립의 힘을 자극했을 것이다. 나아가 그것은 위태롭고 부족함투성이인 자기 자신을 지금 모습

그대로 두어도 된다는, 그래도 괜찮다는 자기 자신에 대한 받아들임으로 이어졌다.

모터사이클 위에서 프레디가 막연하게 느낀 자유가 어떻게 불완전한 자기 자신을 받아들이는 태도로 이어진 것일까? 이는 자유가 가진 속성 덕이다. 자유는 완전한 인간만이 또는 완벽한 상황에서만 누릴 수 있는 특권이 아니다. 본능적 욕망이나 실수, 실패는 무의식적으로 인간을 미약한 존재라고 인식하게 만든다. 그런 약점을 용납하지 않는 사람은 그 스스로 자기 자신을 엄격하게 구속하고 속박한다. 그래서 그는 자유롭지 못하다. 자유는 랭케스터가 강조한 '완벽'과 아무런 상관이 없다. 아니, 오히려 완벽하거나 완전한 상태에서 자유는 의미를 잃는다.

자유는 불완전하고 미약한 존재에게서 또는 그런 상태에서 활성화된다. 불완전하고 미약하기에 한계를 두고 그에 따라 제어와 속박이 요구될 때, 그것에 맞서 거부하고 저항함으로써 더 빛을 발하는 것이 자유다. 그러한 거부와 저항의 구체적인 표현은 불완전하고 미약하더라도 지금 이대로 괜찮다는 받아들임의 태도다. 따라서 자유는 모든 불완전함을 허용하고 인정하는 상태다. 그렇게 불완전함을 온전함으로 받아들일 때 역설적으로 치유와 성장이 시작되고, 자기 삶을 살아갈 수 있는 오롯한 인간, 개인이 된다. 프레디처럼!

정신적으로 취약한 프레디를 자신들이 구상하는 인간으로 만들려고 하면서 프레디 위에 군림하던 랭케스터와 페기는 이제 거꾸로 프레디에게 돌아와달라고 애원한다. 페기는 오랜만에 만난 프레디에게 아파 보인다느니 지금보다 나아져야 한다느니 이 상태로는 삶을 제대로 살아갈 수 없다느니 하며 프레디의 취약성을 들춘다. 이에 프레디는 그냥 그렇게 생겨먹은 게 나라고 응수한다. 그의 마음을 돌리기 위해 프레디의 애창곡을 애절하게 부르는 랭케스터의 모습은 그 또한 프레디에게 자기 존재 의미를 의존하고 있던 나약한 인간이었다는 사실을 보여준다.

프레디는 그를 보며 눈물을 흘린다. 확신에 찬 모습으로 마스터임을 자처했던 존재가 실은 자기처럼 나약하고 불완전한 인간이라는 사실을 확인하고, 자신을 속이고 이용했던 사람에게 분노가 아닌 연민을 느낀다. 이제 프레디는 마스터에게서 완전히 자유로워진다. 데이트한 여자와 비로소 잠자리를 갖고, 그녀에게 장난처럼 예전에 마스터가 했던 말을 하면서 스스로 자기 자신의 마스터가 되었음을 드러낸다. 성적 관계를 원하면서도 두려워 피하고, 그러면서도 집착하던 예전 모습과 달리 이제는 성을 즐기면서 자기 욕망을 스스로 다루는 모습도 프레디가 자율적인 존재,

즉 자기 자신의 주인으로 거듭났음을 보여준다. 오롯이 혼자 힘으로 설 수 있는 개인이 된 것이다.

인간 이성에 대한 착각과 과신

'개인'의 역사에 빗대어보면 랭케스터라는 인물, 즉 마스터는 근대 이전의 종교와 같다고 할 수 있다. 중세 시대 인간은 자기 존재를 종교(가톨릭교회)의 권위에 의지했다. 신분 체계를 비롯해서 모든 사회 질서는 신의 섭리이고, 현실 세상은 성직자라는 신의 대리인을 매개로 피안의 세계와 연결되어있는 곳이었다. 르그로는 이런 사회에서의 일상은 "신성화된, 마법에 걸린 세계의 경험"[15]이라고 표현한다.

그런 중세시대 내내 종교 세력과 세속의 정치 세력(왕) 사이에 권력 다툼이 계속되었고, 정치 세력이 최종 승리해 종교는 신앙으로만 남게 되었다. 이제 인간은 종교(성직자)라는 권위에 의지하지 않고도 직접 신과 조우할 수 있다. 나아가 "주술에서 깨어난 세계에서 신은 불가지 존재"[16]가 되고, (프레디처럼) 인간은 더 이상 신이라는 마스

---

15   츠베탕 토도로프, 포크루유, 로베르 르그로, 『개인의 탄생; 서양 예술의 이해』,
      기파랑, 2002, p.124
16   같은 책, p.14

터에 의존하지 않고도 누구나 자기 한계를 극복하고 스스로 삶을 일굴 잠재력을 가진 개인이 되었다.

하지만 인간 무의식에는 신과 같은 완벽함이 존재하고 가능하다는 생각이 여전히 남아 있다. 게다가 경쟁 시스템과 완벽한 성취감을 경험하려는 문화까지 더해져 인간의 완벽 추구 경향이 강화되기도 했다. 그래서일까? 관계에서든, 성취에서든, 사회적인 일에 대해서든 삶과 관련된 모든 국면에서 우리는 언제나 완벽을 전제한다. 그리고 그 전제에 미치지 못하면 좌절하거나 불만스러워한다. 그리고는 다시 의존할 만한 권위와 권능을 가진 존재, 즉 마스터를 찾는다. 종교라는 "주술에서 깨어난 세계에서" 인간은 국가 권력과 과학적 입증 또는 논리를 새로운 마스터로 삼는다. 인간의 불완전성을 부정하면서 어떻게든 보완하려는 시도를 계속하는 것이다. 과연 인간의 자기 (한계) 극복이란 완벽하고 완전한 상태가 되는 것을 의미하는 것일까?

인간은 불완전한 존재라는 말에 대부분 동의하면서도, 무한한 잠재력을 지닌 나의 위대함은 완벽에 가까운 존재가 되는 것이라는 현대인의 무의식적 관념은 어디에서 생겨난 걸까? 거기에는 개인을 등장시키고 근대 체제를 이끌어낸 주류 서양사상의 영향도 무시할 수 없다. 합리론과 경험론이다.

프랑스 철학자 데카르트로 대표되며 유럽 대륙의 전통 사상이었던 합리론은 이성으로 객관적 진실을 파악할 수 있다는 인식론이다. 합리론에서는 오로지 인간의 타고난 이성 능력으로 세계를 진실하고 올바르게, 또 객관적으로 인식할 수 있다고 믿어 의심치 않는다. 바로 신에 대한 (당시까지도 너무도 당연했던) 믿음 때문이다. 데카르트는 생각했다. 인간이 불완전한 존재라면, 인간 외에 완전한 존재(신)가 있다는 의미이다. 신은 선이므로 실제 사실(세상)을 인간이 인식한 것과 다르게 만들어 인간을 속이지 않을 것이다. 그러므로 애초부터 신의 목소리를 분별하는 시스템인 이성[17]을 통하면, 인간은 진리에 이를 수 있다.

영국 철학자 로크로 대표되는 경험론은 경험, 관찰(실험)과 같이 오감으로 느끼는 것들을 통해 진리에 도달할 수 있다는 견해다. 경험론은 합리론이 전제하는 선천적 이성 능력, 즉 인간은 태어날 때부터 참·거짓 분별 능력을 갖고 있다는 서양 사상의 오랜 전통을 부정한다. 증거도 없고 증명할 수도 없기 때문이다. 대신 감각을 강조했다. 이성은

---

17   양심은 신의 목소리를 들을 수 있는 장치이고, 이성은 그 진위를 분별하는 역할을 한다.

감각(경험)에서 오는 것[18]이므로 오직 경험과 관찰로 인식할 수 있는 사실이 진실한 지식이라 여겼다.

두 사유방식은 인간이 진리에 이르는 방법에 대해 서로 다른 방법을 주장하지만, 둘 다 그 중심에 이성이 있다. (인간의 선천적 능력인) 이성만으로 실재를 인식할 수 있다는 합리론은 물론이고, 경험론 역시 경험과 관찰이란 방법을 추가로 제시했을 뿐 (후천적으로 연마한) 이성의 참·거짓 분별 능력과 합리성을 인정한다. 또, 인간이 인식한 내용이 실제 사실과 다르지 않을 것이라는 데카르트의 전제 역시 공유한다. 방법만 다를 뿐 인간이 진리에 이를 수 있다는 결론도 같다. 데카르트를 비롯한 홉스와 스피노자 등 17세기 사상가들은 각기 다른 정치 이론을 제시하면서도 하나같이 이성에 대한 믿음에 바탕을 둔 논의를 이어갔다. "이성에는 참과 거짓을 모두 발견하는 힘이 있으므로 이성에서 선입견과 편견만 제거하면 논쟁의 여지없는 공리·공준을 찾아내 공식화"[19]할 수 있다고 생각했기 때문이다.

이성에 대한 이 같은 믿음이 인간 세상을 신성화라는

18 　존 로크는 『인간 오성론』(1690)에서 인간 미음은 데이날 때 백지 싱데이머, 지식은 경험(감각경험과 반성)을 통해 획득된다고 말한다. 경험이 축적되면서 개념과 판단, 이성적 사고가 생긴다는 것이다.

19 　에른스트 카시러, 『국가의 신화』, 창, 2013, p.234

주술에서 깨어나게 했다. 독일 철학자 에른스트 카시러의
『국가의 신화』에 의하면, 중세 신학자 토마스 아퀴나스는
종교에 잔존하던 신화적 요소를 걷어내 교리를 논리적인
체계로 정리했고, 르네상스 시대 사상가 마키아벨리는 정
치를 더 이상 도덕이나 종교적 이상이 아닌 실제 권력의 작
동 방식과 인간 행동에 기반해 설명했다. 17세기 스토아철
학은 윤리와 도덕의 근거를 신이나 교리가 아닌 인간의 이
성과 도덕적 의지에서 찾았고, 국가는 신의 뜻이 아니라 사
람들 사이의 계약으로 성립했다고 보았다. 이탈리아 과학
자 갈릴레오 갈릴레이와 프랑스 사상가 데카르트는 자연
현상을 신비나 신의 뜻으로 설명하는 대신 수학과 기하학
이라는 이성적 도구로 분석하고 설명하려 했다. 이 모든 변
화는 이성에 대한 과하리만큼 확고한 자신 없이는 불가능
했을 일이다. 오늘날의 사회와 제도는 그런 확신 위에 차곡
차곡 쌓아올린 사상들의 결과라 할 수 있다.

　이렇게 근대 사상은 불완전한 존재인 인간이 이성을 통
해서 완전한 지식을 얻을 수 있다고 말한다. 하지만, 그렇
게 할 수 있는 사람은 없고, 그러한 상태에 도달한 것처럼
보이는 사람이 있다 해도 극히 드물다. 실제로 근대 이후에
도 현실 세계의 인간은 여전히 자신과 세상의 불완전함을
견디지 못하고 또다시 자신이 기댈 수 있는 완전한 대상을

갈구했다. 그러한 열망과 함께, 진리에 이를 수 있다는 인간의 완전성에 대한 기대(착각)와 자신감은 19세기 칼라일[20]의 영웅숭배로 이어지고, 영웅숭배는 고비노[21]의 인종이라는 집단숭배로, 인종숭배는 헤겔에 이르러서 민족정신 또는 국가숭배로 이어졌다. 그리고 이 흐름은 마침내 나치즘과 공산사회주의 같은 전체주의로 귀결되었다.

20세기 들어 영국의 칼 포퍼와 프리드리히 하이에크 등으로 대표되는 정치·경제·과학 철학이 이성(인간)의 불완전성을 출발점으로 삼는 것은 이러한 배경 때문이다. 특히 포퍼는 비판과 논쟁을 허용하지 않는다는 점을 들어 합리론과 경험론 모두의 한계를 지적했다. 그는 자연현상을 관찰하면서 진화에 성공한 생명은 하나 같이 환경에 알맞지 않은 자신의 오류와 문제를 발견한 뒤 수정하고, 또 그 결과가 환경에 부합한 경우에만 살아남은 것이며, 그 이후에도 끊임없이 같은 작업을 반복하면서 변화를 거듭한다는 사실을 발견했다. 진보를 이루는 새로운 발명은, 애초에 완

---

20 19세기 영국의 역사가 토머스 칼라일(Thomas Carlyle, 1795~1881)은 역사를 영웅, 즉 진리를 직관적으로 깨닫고 실천하는 위대한 인물이 만든, 영웅의 이야기라고 보았다.
21 19세기 프랑스 외교관이었던 고비노(Joseph Arthur de Gobineau, 1816~1882)는 역사를 인종 간 투쟁의 결과로 보았다. 그는 특정 인종이 우월하며, 그러한 인종이 문명을 발전시킬 수 있다면서 인종 간 불평등과 우열을 주장했다.

벽하고 완전한 것을 알 수 있는 이성의 작용이 아니라, 현재의 오류와 문제를 수정해서 기존의 판단 틀을 업데이트한 결과라는 것이다.

비판과 시행착오에 열린 태도를 가져야 한다고 그들이 강조한 건 오직 비판으로써 오류와 문제를 발견할 수 있고, 그것을 수정하는 과정에서 시행착오를 겪을 수밖에 없기 때문이다. 자연현상만이 아니라 인공물 또한 그렇다. 인쇄기나 사진기 같은 현대 기기에서도 그 예를 찾을 수 있다.[22] 초기의 인쇄기나 사진기는 현재 시점에서 유물이다. 인쇄기나 사진기뿐만 아니라 자동차, 컴퓨터, 휴대폰 등 오늘날 우리가 사용하는 모든 기기는 처음 만들어졌을 때의 모습을 찾아볼 수 없을 정도로 발전했다. 그러한 진화는 끊임없는 개선의 결과이며 지금도 여전히 진행 중이다.

진화 또는 진보에 있어서 완벽이란 없다. 완벽하다면 더 이상 진보도 없다. 진화와 진보는 불완전하기 때문에 존재하고 기대할 수 있는 변화다. 우리의 현실과 우리 자신이 언제나 불완전한 덕에 우리는 진보할 수 있는 것이다.

---

22   칼 포퍼, 『삶은 문제해결의 연속이다』, 9장

불완전함이 온전한 인간 모습이다

영화 「마스터」는 성격이나 품성 등 정신적으로 치명적 결함이 있어 정상적으로 살 가능성이 전혀 없어보이는 인물인 프레디가 스스로 자기 트라우마를 극복하고 성장하는 모습을 그린 일종의 성장영화다. 이 영화가 특별한 이유는, 프레디의 자기 극복과 성장의 결과가 대단한 성취이기는커녕, 일반적인 사람의 삶에도 도달하지 못한다는 데 있다. 프레디의 성장은 못나면 못난 대로, 부족하면 부족한 대로 자기 자신을 있는 그대로 받아들임으로써 그저 자기 자신이 되는 모습이다. 완벽한, 아니 보통의 사람과 현저히 달라도 충분히 자기 행동이나 삶을 스스로 결정할 수 있다고 영화는 프레디를 통해 말한다.

자기 상처를 치유하고 트라우마를 극복해 독립된 인간으로 성장하는 일이 어떤 자질이나 자격, 환경이 갖춰지거나 외부의 도움이 있어야만 가능한 게 아니라는 사실 또한 프레디는 보여준다. 자기 극복, 자기완성은, 인간은 누구나 불완전하다는 사실을 바탕으로, 부족한 존재로서 자기 자신을 있는 그대로 받아들임으로써 가능한 것이다.

운동이나 육체노동을 하며 몸이 힘들 때, 원래 힘든 게 정상이라고 생각하면 덜 힘들게 느껴지기도 한다. 고통이나 불편함이 더 괴롭게 느껴지는 건 편안함을 기본값으로 설정해놓았기 때문이다. 그렇듯 '지금'은 언제나 뭔가 살짝 부족하지만, 바로 그 불완전함이 실은 온전한 상태라는 사실을 받아들일 때 진정한 위안과 만족이 찾아올 수 있다. 그렇게 완벽하지 않은 지금을 살아가면서 진보하는 게 인간이라면, 불완전함이야말로 온전한 인간의 모습일 것이다.

2장

뜻대로 되지 않아도 괜찮아

*

개인은 노력하면 무엇이든 할 수 있는 인간인가?

돈 워리

전신 마비 알코올중독자 존의 환골탈태

*

현재는 과거의 결과가 아니다

엄마는 오랜 세월 풀어지지 않는 한과 같은 감정을 간직하고 있었다. 아빠와의 결혼에서 비롯된 일이다. 아빠는 엄마에게 한눈에 반했고, 60~70년대 시절 연인들이 흔히 그랬듯 통금시간으로 인해 집으로 돌아가지 못한 엄마와 함께 하룻밤을 보냈다. 당시 통념상 엄마는 남자와 하룻밤을 보낸 이상 다른 선택의 여지가 없다 느끼고 아빠와 결혼했다. 먼 훗날 엄마는 나와 다툴 때 종종 눈물을 터뜨리면서 어쩔 수 없어서 결혼한 것에 대한 분노와 원망을 표출하곤 했다. 그럴 때면 나는 엄마가 안쓰러워 더 이상 반박하지 못하고 입을 다물었다.

그런데 어느 순간부터 나는 엄마가 자신을 지나치게 가여워하고 있다는 느낌을 받았다. 결혼에 있어 엄마 자신의 의지를 전적으로 부정하면서 스스로를 피해자로 삼는 모습으로 보였다. 자식으로서 원망스럽기도 했지만 같은 여자로서 가엾기도 했다. 지난 일을 마음에 담아둔 채 원망을 품고 살면서 자기 삶을 비참하게 여기는 엄마가 인간적으로 안타까웠다. 엄마는 십수 년을 아빠와 살고 있으면서도 아빠를 사랑하지 않는 것처럼 보였다. 엄마는 과거에 대한 후회에서 벗어날 수 없는 걸까? 엄마 삶을 옭아매는 과거의 족쇄를 풀 방법이 과연 있을까?

존의 불행을 위로해주지 않는 사람들

존 캘러핸 역시 불행한 과거 때문에 원망과 분노로 가득한 고통스러운 현재를 살아가고 있다. 존을 비참하게 만드는 요인은 두 가지, 전신마비와 알코올 중독이다. 여기에는 기막힌 사연이 있다.

존은 어느 파티에서 우연히 덱스터를 만난다. 이미 술에 잔뜩 취한 덱스터는 존에게 더 재미있고 화끈한 곳으로 가자고 조른다. 존은 마지못해 차에 오르면서, 대신 조심히 운전하라며 덱스터에게 주의를 주었지만, 결국 시속 150 킬로미터로 달리던 차는 가로등을 들이받고 만다.

보조석에 앉아 있던 존은 죽음의 문턱까지 갔다가 겨우 살아나 휠체어에 의지해야하는 전신마비가 된다. 하지만 차를 운전했던 덱스터는 가벼운 찰과상만 입고 병원을 유유히 걸어나갔다. 가만히 있던 사람을 꾀어내 음주운전을 한 대가는 고작 찰과상이고, 마지못해 그에 응한 대가는 전신마비라니! 이렇게 불공평하고 억울한 일이 있을까?

존이 알코올 중독이 된 데에도 안타까운 사연이 있다. 아직 20대 초반밖에 되지 않은 그가 중증 알코올 중독자가 된 건 10대에 시작한 음주 때문이었다. 엄마가 자신을 원치 않아 친척에게 떠맡긴 것이란 사실을 알게 된 뒤, 존은 버려진 아이라는 열등감, 엄마에 대한 분노와 한편으론 그리움을 품었다. 그 감정들을, 어쩌다 호기심에 맛본 술이 위로하고 채워주었다. 그렇게 존은 전신마비 알코올 중독자가 되었다.

존은 우연히 알코올 중독 치료 모임의 리더 도니를 알게 되고, 모임 멤버들 앞에서 자신이 알코올 중독자가 될 수밖에 없었던 사연을 고백한다. 누구나 듣고 나면 눈시울을 붉히며 위로할 법한데, 도니와 멤버들은 존을 딱하게 여기기는커녕 공감해주지도 않는다. 오히려 "징징거리며 신세 한탄하지 마라. 설대 사기 연민에 빠지지 말라"면서 냉정하게 반응할 뿐이다.

이는 자칫 비인간적인 태도로 비춰진다. 하지만 도니는 알코올에 의존해 자기 자신을 해치는 사람들을 돕는 자비심 가득한 인물이다. 모임 참가자들 또한 존의 마음을 헤아리고도 남을 만한 아량과 사연을 저마다 갖고 있다. 그런데도 이들이 존에게 쌀쌀맞은 건, 무언가에 의존하지 않고는 단 하루도 살기 힘든 중독자에게 타인의 공감은 도움이 되기는커녕 오히려 해롭기 때문이다.

자기 연민, 즉 피해의식에 '빠져' 있는 사람에게 타인의 공감은 일시적 위로에 그칠 뿐이다. 오히려 분노와 체념에 휩싸여 무기력에 빠지게 할 수 있다.[23] 존 역시 '나만큼 불쌍한 사람은 없을 것'이라는 태도로 살아간다. 자신이 술에 의존하고 분노 속에서 좌절하며 살아가는 건 자기 힘으로는 어찌할 수 없었던 불행 때문이라면서, 자신의 알코올 중독과 전신마비의 혐의를 오로지 어린 자기를 버린 엄마와 과음 상태로 운전한 덱스터에게 둔다. 자신은 엄마와 덱스터의 무책임하고 부당한 행동 때문에 고통받는 정당한 피해자이며, 그래서 자기 말과 행동도 정당하다는 착각에 빠져 있다. 이런 심리상태에 빠지면 존처럼 피해의식을 정당화하기 쉽고, 그렇게 되면 고통의 근본 원인을 찾아 개선

---

23   야야 헤를릅스트, 『피해의식의 심리학』, 양문, 2005, p.12

할 의지가 약화된다.

하버드대 심리학 교수 엘렌 랭어는 "근원적으로 해결할 수도 없으면서 우리는 노인과 같은 약자가 어려움을 겪을 때마다 지나치게 도움을 주려고 한다"고 지적한다. "돕는 사람 입장에서는 남을 돕는 행위가 스스로에게 만족감을 주겠지만, 자꾸 반복되다 보면 도움받는 사람은 스스로 무능하다고 느낄 것"[24]이라고도 경고한다. 도니에 의하면 공감도 마찬가지다. 피해의식에 사로잡혀 자기 연민에 빠져 있는 사람일수록 타인의 공감을 더 많이 구한다. 그에 호응해주면 양쪽 모두 손쉽게 도덕적 만족감을 얻을 수 있다. 하지만 결국 피해자의 무기력과 무능을 부추겨 고통스러운 상황에서 점점 더 벗어나기 어렵게 만든다.

그럼 어떻게 해야 피해의식과 자기 연민에 늪에서 벗어날 수 있을까? 도니는 말한다.

"저절로 상처가 치유되지는 않아요. 매일 그 상처들과 씨름해야 해요. 어떤 고통은 영영 사라지지 않고, 어떤 수치는 영원히 남아 있죠, 그걸 이겨내지 않으면 당신이 죽어요."

죽는다는 건 비단 육체의 죽음만이 아니라, 자기 힘으로

---

24   엘렌 랭어, 『늙는다는 착각』, 유노북스, 2022, p.160

삶을 일구지 못해 끊임없이 외부에 의존해야 하는 정신(영혼)의 죽음도 의미한다. 이제 존은 오로지 자기 힘으로 상처를 치유하기 위해 상처와 고통, 수치심으로 뒤범벅된 과거와 마주할 용기를 낸다.

이제 존의 과거 회상은 더 이상 타자를 원망하며 피해의식을 정당화하기 위한 것이 아니다. 기억 속 과거로 돌아간 그는 자기 입장에 과몰입했던 태도에서 벗어나 당시 상황과 사람들을 객관적으로 담담하게 바라본다. 그는 깨닫는다. 자기 불행의 원인이라고 생각했던 사람들은 각자 자기 삶을 살아내기 위해 나름대로 최선의 행동을 한 것뿐이라는 사실을. 그 누구도 자신을 전신마비 알코올 중독자로 만들려고 의도했던 것이 아니었다. 자기 자신도 마찬가지였다. 엄마에 대한 분노와 그리움을 술로 잊으려고 했던 것 역시 그 환경에서 어린 존이 할 수 있는 최선의 선택이었다. 존은 자기 자신을 포함해서 그동안 원망했던 사람들을 용서하고, 스스로를 고통스럽게 옥죄던 과거, 자책, 좌절감에서 비로소 해방된다.

자기 불행에 대해서 탓할 사람이나 상황이 사라지자 존은 현재 자신의 알코올 중독과 전신마비를 받아들이게 된다. 과거에 어떤 일을 당했든, 그래서 술과 휠체어에 의존하는 처지든 어떻든 자기 삶에 대한 책임은 오로지 자기 자신에게 있다는 사실을 비로소 인정하게 된 것이다. 존은 삶을 긍정하며 활기를 되찾는다.

삶은 연속적이지 않다

영화는 과거와 현재를 교차시키며 존의 이야기를 전달한다. 이런 구성은 대개 등장인물의 현재가 과거의 결과가 아니라는 메시지를 내포한다.[25] 삶이 연속적으로 보이는 건 단지 "삶에서 인과로 설명할 수 없는 여러 부분을 삭제한 결과"이기 때문이지 실제 삶은 연속적이지 않다는 의미라는 것이다.

인간의 인지력은 미약하다. 아무리 많은 정보를 가진 사람일지라도 시시각각 변하는 세상일에 대해 알 수 있는 건 일부뿐이다. 그의 정보력은 상대적으로 클 뿐이지 모든 것을 알 수 있는 인간은 없다. 가족, 친구에 대해서도 마찬가지다. 그럼에도 불구하고 인간은 가족을, 친구를, 세상을 이해해야 한다. 그래야 살아갈 수 있다.

그래서 인간은 듬성듬성 자기가 보고 들은 것들로 이야기를 엮어낸다. 자기 입장에서 인과관계가 그럴듯하도록

---

25 박지훈, 「『돈 워리』, 비범했던 감독이 만든 또 한편의 평범한 영화」, 씨네21, 2019.
    8. 22

필요 없는 부분은 기억에서 삭제하고, 빈틈은 추론하거나 짐작해 부족한 정보를 메꾼다. 그렇게 완성된 그럴듯한 이야기를 통해 자신에게 닥친 일과 상황을 이해한다. 인지력의 한계라는 특성 때문에 인간은 자기도 모르는 사이 스토리텔러가 되어 자기가 만든 이야기에 빠져 사는 것이다.

이러한 인지 방식은 자기 자신에게도 적용된다. 인간은 자기 자신에 대한 정보도 전부 갖고 있지 않다. 태어나서 지금까지 자기 삶을 일거수일투족 모두 기억하는 사람은 없다. 그래서 드문드문 듬성듬성 알고 있는 자기 자신에 대한 제한적인 정보를 갖고 자신에 대한 이야기를 만든다. 스스로 문제가 있다고 생각하는 부분, 정반대로 만족스러운 부분 등 기억에 남는 인상을 바탕으로 자기 이미지를 구축하고, 그렇게 형성된 이미지는 이제 그다음 이야기의 기본 구조가 된다.

'삶이 연속적으로 보이는 건 단지 삶에서 인과로 설명할 수 없는 여러 부분을 삭제한 결과'라는 말은 아마도 이런 의미일 것이다. 긍정심리학자 마틴 셀리그먼에 의하면,[26]

---

26 마틴 셀리그먼은 학습된 무기력Learned helplessness 이론을 통해 인간이 과거 경험보다는 현재와 미래에 대한 통제감을 가질 때 더 긍정적인 성격을 형성할 수 있다고 말한다. 인간은 어린 시절의 경험에 의해 결정되는 것이 아니라, 현재의 선택과 환경에 따라 변화할 수 있다는 것이다.

과거에 갇혀 있던 존의 무기력은 '학습된 무기력'이다. 하지만, 어린 시절 사건이 성인이 된 후의 성격 형성에 영향을 미친다는 근거는 없다고 셀리그먼은 강조한다. 50년 동안 이루어진 많은 연구에서 부모의 사망, 체벌, 학대 등 어린 시절에 겪은 불행이 성인이 되고 나서 겪는 문제와 상관관계가 없었다고 한다.

「돈 워리」에서 존이 불행한 이유는 언뜻 명확해 보인다. 엄마에 대한 분노와 그리움으로 어릴 때부터 술에 의존하게 됐고, 그것이 알코올 중독으로 이어졌으며, 무분별하게 술을 마시고 다니다가 교통사고를 당해 휠체어에 의존해야 하는 처지까지 됐다. 영화는 비선형 시간 배열을 통해 분명해 보이는 인과관계를 부정한다.

그럼 존을 불행 속에서 고통스럽게 만든 원인은 무엇인가? 그 원인이 엄마도, 술도, 친구도 아니라면 남는 건 존, 자기 자신이다. 존의 불행은 외부 탓이 아니라, 외부의 무엇 때문에 자신이 전신마비 알코올 중독자가 될 수밖에 없었다고 믿은 생각 탓이다. 즉 그가 남 탓만 하며 자기연민에 빠져 있었기 때문이다. 하지만 감독의 의도대로 현재는 과거의 결과가 아니라면, 존의 불행 원인을 따지는 일은 무의미하다. 모든 원인은 과거에 있으니까.

그렇다면 현재는 과거의 결과가 아니란 구성을 통해 감

독이 하고 싶은 말은 무엇일까?

　나는 종종 과거가 지난 밤 꿈과 같다는 생각을 한다. 어젯밤 악몽 속에서 아무리 두렵고 괴로워했어도 깨고 나면 그만이다. 악몽을 꾸었다고 해서 하루 종일 그 꿈을 되새기면서 괴로워하지는 않는다. 악몽을 꾼 자기 자신을 자책하면서 불행해하지도 않는다. 꿈속에서 즐겁고 기분 좋은 일을 경험했을 때도 마찬가지다. 깨고 나면 그만이다.

　삶도 똑같다. 대단한 성취를 이루고 커다란 행운을 얻어도 지나고 나면 그만이다. 그 기분이 언제까지고 이어지진 않는다. 자신감과 자부심 역시 영원히 지속되지 않는다. '내가 왕년에~'라고 말하는 사람이 얼마나 우스운지 우리는 잘 알고 있다. 과거의 경험은, 꿈 속에서의 경험과 똑같이 내 머릿속, 기억 속에서만 존재할 뿐 더 이상 현재의 것이 아니기 때문이다. 고통스럽고 불행한 일도 마찬가지다. 그 일을 되새기면서 괴로워하는 건 지난 밤 악몽에 사로잡혀 깨고 나서도 괴로워하는 꼴이다.

　흔히 우리는 오늘의 내가 어제의 결과라고 생각한다. 하지만 시간은 그렇지 않다. 다가올 한 시간은 지나간 한 시간의 결과로서 존재하는 것이 아니다. 어제의 성공이 오늘을 보장하지 않고 어제의 실패가 오늘을 규정하지 않듯, 시간은 이전 상태를 단순히 연장하지 않는다.

시간은 연속적이지 않다. 매 순간 단절되어 있다. 지나간 시간은 지난밤 꿈처럼 기억 속에만 존재하고, 다가오는 매 순간은 낯선 상황들 속에 놓인다. 그것이 우리에게 다시 선택하고 새롭게 존재할 기회를 준다. 따라서 과거와 지금 이 순간을 단절시킬 때, 내일의 나는 오늘과 전혀 다른 모습일 수 있다.

나는 매 순간 새로 태어나고, 삶은 매 순간 새로 시작된다. 아무리 영광스러운 일을 겪어도 우리는 매 순간 다시 시작해야 하고, 아무리 고통스러운 일을 겪어도 우리는 매 순간 그것에서 벗어날 수 있는 것이다.

우리에게 주어진 건 언제나 현재뿐이다. 존이 보여주듯 과거에 어떤 일이 있었더라도 그 고통에서 벗어나는 희망의 길은 오직 현재에 있다. 아무리 불행한 일을 겪었더라도 인간은 지금 여기서 그 모든 과거를 훌훌 털고 행복을 향한 희망의 첫걸음을 내디딜 수 있다는 것이다.

과거를 초월하는 방법, 책임

인류 역사를 돌이켜보면, 책임은 본래 인간 개개인 몫이 아니었다. 책임은 신에게 있는 것이고, 인간이라 해도 기껏해야 소수의 성직자와 귀족 같은 특별한 상류층에게나 있는 것이었다. 자기 삶에 대한 책임을 개개인이 부여받게 된 건 근세 이후의 일이다.

르그로의 「근대적 인간의 탄생」에 의하면, 태어날 때부터 신분이 정해져 있는 체제의 사람들에게는 신분에 따른 위계질서가 자연스러운 신의 섭리로 느껴지고, 그런 질서를 체계화한 법은 신의 의지로 인식된다. 그런 사회에서 성직자나 귀족은 신의 대리자로서 신성한 권위를 부여받은 사람이다. 그들은 피안과 차안의 중개자이며, 이 세계의 질서와 법을 유지하고 보존할 책임의 주체로 여겨진다. 낮은 사회적 지위에 속한 이들의 삶은 그러한 권력자에게 달려 있으며 그들의 결정을 따르면 될 뿐이다.

신분제가 해체되면서 사람들은 자신이 어떤 사람이 될 것인지, 어떻게 생각하고 행동할지, 더 이상 신분에 따른 규범이나 관습에 의존해 판단할 수 없게 되었다. 사람들은 각자 자기 삶을 자기 뜻대로 살아가기 위해 기꺼이 그 판단에 대한 책임을 떠안았다. 자기 자신에 대한 책임은 인간이 더 이상 삶의 객체가 아니라 주체가 되었음을 드러내는 표식인 것이다.

어떤 일의 결과가 자기 의지에 따른 결정과 행동에서 비롯되었다면, 책임의 근거는 당연히 그 행동주체에 있다. 그러나 그 일이 자신의 의지와 직접적으로 연결되지 않아 보이는 경우에도, 기꺼이 책임지려는 자세는 그가 자기 삶에 대한 의지를 가진 주체적 존재임을 증명한다.

책임을 통해 인간은 자신의 잘못이나 오류를 성찰하고 교훈을 얻는다. 똑같은 실수를 반복해서 저지르지 않는 성장, 즉 인간의 개인화는 오직 이 과정을 통해서 이루어지며, 이러한 과정 자체가 자기 삶에 최선을 다하려는 주체적 의지의 발현이다. 따라서 지금의 나 자신에 대한 책임을 나 자신에게 지울 때 과거에서 벗어날 수 있다.

존을 불구로 만든 사고는 존을 더 강하게 만들기 위한 신의 뜻이라는 도니 말도 그런 의미다. 과거를 이해하고 용서함으로써 원망과 분노, 지나친 자기 동정에서 벗어나 자기 자신에 대한 권한, 즉 책임을 회복할 때 인간은 삶을 스스로 일굴 힘을 얻는다. 존을 휠체어에 앉게 한 그 사건은 분명 불행한 일이었으나, 결과적으로 존을 한 개인으로 거듭나게 한 계기도 된 것이다.

나의 엄마가 과거에서 벗어나게 된 것도 책임 덕이었다. 어느 날, 엄마가 또다시 당신 결혼과 관련한 그 얘기를 하면서 억울함과 원망, 분노가 뒤섞인 감정을 쏟아냈다.

"나는 통금시간 때문에 어쩔 수 없이 결혼한 거야. 난 너희 아빠랑 결혼할 생각이 없었어. 어쩔 수 없이 결혼해서 너희 때문에 같이 산 것이라고!"

여느 때와 마찬가지로 나는 가여운 사연을 가진 엄마에

게 언성 높여 내 주장을 계속할 수 없었다. 다만 이번엔 목소리를 누그러뜨리고 말했다.

"그럼 이혼할 수도 있었잖아. 이혼할 생각은 안 해 봤어?"

"지금이야 이혼을 쉽게 말하지. 그 시절엔 이혼하면, 여자는 살아갈 수가 없었어!"

"그래도 이혼한 사람이 없지는 않았잖아. 윤여정 봐. 아무리 이혼한 여자가 살기 힘든 시대였다 해도 그 남자랑은 도저히 못 살겠다며 혼자 아이 키우기를 선택했어."

그즈음 윤여정은 오스카상을 수상하며 여러 매체에서 조명받고 있었다. 그는 수상하는 자리에서 아이들이 자기를 일하게 만들었다면서 두 아들에게 고맙다고 말했다. 생계를 위해 일하는 엄마가 돼야만 했던 처지를 당당하게 드러내며 자식들과 수상 기쁨을 나눴다. 요즘이야 이혼을 살면서 얼마든지 일어날 수 있는 자연스러운 일로 여기지만, 엄마 말처럼 엄마 시대, 그러니까 윤여정이 이혼할 당시에는 그렇지 않았다. 사람들에게 손가락질받기 일쑤였고, 여자 연예인이라면 더 이상 활동하기 어려웠다.

한 인터뷰에 의하면, 그는 다른 사람보다 특별해지고 싶어서 배우의 길을 선택했다고 한다. 실제로 결혼 전까지 탑배우로 인정받았다. 그만큼 자아(에고·자존심)가 강했을 테고, 그만큼 이혼 결심이 쉽지 않았을 것이다. 이혼을 하면 대중의 따가운 시선을 각오해야 했다. 자식은 또 어떻게 키운단 말인가? 하지만 그는 그 모든 일을 감수하고 이혼을 감행했다. 그리고 탑 스타라는 콧대 높은 자존심을 버리고 생계를 위해서 단역을 마다하지 않고 밑바닥부터 다시 시작했다.

엄마는 변명처럼 당신이 이혼하지 않은 이유를 말했다.

"이혼하면 혼자 있게 될 네 아빠가 가여워서, 옆에 내가 있어줘야 할 것 같아서, 그래서 못한 거지."

처음 듣는 고백이었다. 깜짝 놀라 나는 즉각 반문했다.

"그게 사랑 아니야? 나도 김 서방(남편)이랑 결혼하기로 마음먹었을 때 막 좋아서가 아니라 엄마 같은 그런 마음 때문이었어. 더 정들기 전에 헤어질 수 있었지만, 나랑 헤어지고 김 서방이 마음 아파할 거 생각하니까 내가 못 견딜 것 같았어. 난 그게 사랑이라고 생각해."

엄마는 내 얘기가 의외인 듯 아무 대꾸하지 않았다. 엄마는 내가 남편에 대한 설렘이나 로맨틱한 감정 때문에 그와 결혼하기로 결심한 줄 알았던 모양이다. 그날 이후, 엄마는 달라졌다. 더 이상 아빠를 원망하는 태도를 보이지 않는다. 더 이상 당신 삶을 동정하지도 않는다.

관행을 거부하고 시대에 앞선 예외적 행동을 한 사람을

들먹이면서 당신은 왜 그 사람처럼 하지 못했냐고 다그치거나 비난하는 태도는 온당하지 않다. 인간은 누구나 자기가 처한 상황에서 자기가 할 수 있는 최선의 선택과 행동을 할 수 있을 뿐이기 때문이다. 지나고 나서 변화한 시대의 관점이나 인식으로 이전 시대를 판단하는 건 자기중심적 오만에 불과하다. 하지만 과거에 대한 현재 엄마의 감정에 마냥 공감만 하는 태도는 엄마에게 도움이 되지 않았다. 오히려 자기 연민에 빠져 자기 삶을 온전히 긍정하지 못하고 분노와 원망만 키우게 했다.

사실 지금도 엄마의 젊은 시절을 상상하면 마음이 아리다. 윤여정을 예로 들긴 했지만, 같은 시대 사람이라고 해서 엄마와 그를 단순 비교할 수는 없다. 윤여정은 고등학교 졸업 후 자연스럽게 대학 진학을 하고 졸업 후에 무슨 일을 할지 고민해볼 수 있는 가정환경이었지만 엄마는 그렇지 않았다. 시골에서 늦둥이로 태어난 엄마는 부모 관심을 받지 못한 채 방치되다시피 자랐다. 고등학교 졸업 후 혈혈단신 서울에 상경해서는 방 한 칸 구하지 못해, 취직한 사무실 구석에서 밤을 보내고 아침을 맞으며 지냈다. 나로서는 상상도 하지 못할 일이다.

엄마는 아무 지원도 받지 못한 채 조금씩 삶을 스스로 일궜다. 그런 상황에서 어쩌다 원치 않는 결혼을 하게 됐고,

그렇다고 해서 이혼을 진지하게 생각한다는 건 물리적으로도 정서적으로도 윤여정의 경우보다 훨씬 어렵고 힘든 일이었을 것이다.

그렇다 해도 과거에 얽매여 있으면 엄마의 행복은 그 무엇으로도 충족될 수 없다. 무언가 또는 누군가의 피해자라는 생각 이면에는 동전의 양면처럼 자기 자신이 무능하고 무력한 존재라는 인식이 있다. 책임에서 발견하는 의지는 과거를 초월해 미래로 도약하기 위한 디딤돌이다. 삶의 성공과 행복은 그렇게 과거를 초월하면서 발견하는 것 아닐까?

아이리시맨

최선을 다했지만 어쩔 수 없었던 프랭크의 삶

✳

삶은 내 의지와 의도대로만 흘러가지 않는다

'내게 왜 이런 일이 일어난 거지?' 살다 보면 때로 이런 의문을 떠올릴 수밖에 없는 일을 겪는다. 20대 후반일 때였다. 지하철을 타려고 집에서 역사 방향으로 걸어가는데, 어디서 나타났는지 갑자기 어떤 사람이 발로 내 배를 툭 밀어냈다. 힘을 주어 가격한 게 아니라서 크게 아프지 않았고 뒤로 밀리지도 않았지만 깜짝 놀랐다. 행색으로 보아 노숙자였고, 비틀거리면서 걷는 모양으로 보아 온전한 상태가 아닌 듯했다. 나는 잠시 멈춰 섰다. '이게 무슨 일이지? 대체 내가 왜 이런 일을 당해야 하지?'

수 년 후, 남편이 암 선고를 받았다. 만난 지 석 달 만에 결혼해 3년 차에 접어들었을 무렵이었다. 여러 정황을 볼 때 남편의 암은 갑자기 발생해 단시간에 급속도로 확산됐을 가능성이 컸다. 한창 일하면서 사회적 성공의 발판을 다지고 아이도 가져야 할 시기에 나는 그 모든 걸 포기하고 남편의 투병을 돕는 일에 전념해야 했다. '내가 왜 이런 일을 겪어야 하지?' 갑자기 나타난 노숙자에게 이유 없이 가격당했을 때도, 남편의 암 진단을 들었을 때도, 내게 왜 이런 일이 생긴 건지 도무지 납득되지 않았다. 그래도 나는 현실을 받아들여야 했다. 어쩔 수 없이.

때로는 영문 모른 채 내키지 않는 상황에 내몰린다

프랭크 시런의 삶은 영문 모른 채 내키지 않는 일을 해야 하는 상황으로 점철된다. 부업으로 살인 청부업을 하던 프랭크는 동네에 새로 개업한 세탁소를 폭파해달라는 의뢰를 받는다. 그런데 일을 준비하던 중 그 세탁소가 자신과 친한 마피아 조직이 투자한 사업장이란 사실을 전해 들으면서 오히려 그 의뢰인을 죽이라는 요구를 받는다. 이에 프랭크는 의뢰인에게 받은 선급금을 돌려주고 없었던 일로 하겠다면서 마피아 측을 설득하려 한다. 하지만 그런 식으로 일을 무마시킬 수 없다는 사실을 곧 깨닫는다. 마피아의 관행에 따르면 자기 쪽에 해를 가하려 했던 사람을 살려둘 수 없다. 즉 프랭크를 살려둘 수 없는 것이다. 마피아 중책 러셀 버팔리노는 프랭크를 살리기 위해 그로 하여금 의뢰인을 죽이게 하자고 두목을 설득한다. 프랭크는 의뢰인을 죽이고 싶지 않지만 자기가 살려면 마피아의 요구대로 해야 한다. 어쩔 수 없이!

딸 페기가 가족처럼 잘 따르던 지미 호파를 죽일 때도 그랬다. 프랭크는 전국 트럭 운전자 노동조합장 지미 호파와 결탁한 마피아의 지시로 호파를 밀착 경호하고 있었다. 그러다 호파와 마피아의 이해관계가 충돌하자 마피아 수뇌부가 호파를 죽이기로 결정한다. 러셀이 이러한 지시를 프랭크에게 전달하자 프랭크는 좀처럼 받아들이지 못한다. 러셀은 프랭크를 설득하면서 말한다. 이건 수뇌부 결정이고 그들이 왜 하필 네게 호파 암살을 지시한 건지, 일이 어떻게 돌아가는 건지 자기도 알 수 없다고. 그리고 여러 번 반복해서 말한다.

"It's what it is[27]. It's what it is……."

세월이 흘러 요양원에서 홀로 지내는 프랭크는 자신을 두려워하며 멀리하던 자식들, 특히 큰딸 페기에게 자신의

---

27   상황, 환경, 결과가 이미 일어났거나 결정되어 되돌리거나 바꿀 수 없기 때문에, 그것이 자신의 뜻이나 의도, 기대, 바람과 다르더라도 있는 그대로 받아들여야 한다는 체념 혹은 초연의 태도를 담은 영어 관용 표현이다.

지난날에 대해서 사과하면서, 당시 가족을 안전하게 지키려면 어쩔 수 없었다고 말한다. 페기는 그저 비겁한 변명으로 치부해버리지만, '어쩔 수 없었다'는 프랭크의 고백은 이 영화가 표현하고자 하는 인간 삶의 모습이다. 자신이 통제할 수 없는 상황에 처해 때로 내키지 않는 일을 해야만 했던 프랭크의 어쩔 수 없었던 삶(그리고 인간의 숙명)은 영화 초반, 프랭크가 러셀을 처음 만났을 때 털어놓는 제2차 세계대전 참전 소회에 축약되어 있다.

프랭크의 참전 얘기를 듣던 러셀이 죽음이 무섭지 않았냐고 묻자 프랭크가 답한다.

"죽음이 두렵지 않단 말은 순전히 허풍이에요. 누구나 두려워하죠. 그래서 기도를 많이 해요. 저도 그랬어요. 거기서 살아남으면 절대 죄짓지 않겠다고 빌었죠. 그런데 전투가 시작하면 전부 잊어버려요. 살아남기 위해 몸부림칠 뿐이죠. 그러다가 전쟁이 끝나갈 때쯤 이런 생각이 들었어요. '될 대로 되라지, 뭐!' 명령은 따라야 하니까요. 가령, 포로를 숲으로 데려가라면 데려가야 하죠. 서두르라는 명령 뿐 아무 설명이 없어도요."

포로들이 어떻게 자기 손으로 자기 무덤을 파는지 이해가 되지 않더라는 프랭크에게 러셀이 대꾸한다.

"그들은 믿었는지도 모르지. 열심히 하면 총을 든 사내가 마음을 바꿀 거라고 말이야."

전쟁에서 살아남으면 앞으로 절대 죄짓지 않겠다는 다
짐과 기도는 진심이지만, 일단 눈앞에서 총알이 빗발치기
시작하면 언제 그런 맹세를 했었냐는 듯 자신이 살아남기
위해, 어쩔 수 없이, 자기도 모르게, 사람을 죽일 수밖에 없
다. 포로들이 제 손으로 자기 무덤을 판 것도 잡힌 입장에
서는 어쩔 수 없는 일이다. 또, 러셀 말대로 최선을 다하면
혹시 죽음을 피할 수 있지 않을까 하는 실낱같은 희망을 갖
게 되기 마련이다. 그러니 설사 그 일이 자기 무덤 파는 일
이라 해도 포로에게는 다른 선택의 여지가 없다. 하지만 포
로를 잡은 사람 역시 전쟁에 참여한 군인으로서 명령을 거
역할 수 없다. 그러고 싶지 않아도, 이유를 몰라도, 어쩔 수
없이 그들을 죽여야 한다. 감독 마틴 스코세이지는 이 영화
에 대해서 말한다.

"우리 세계는 조직범죄 맥락에서 펼쳐지는 이 영화의 전
제죠. 그 세계, 그 맥락과 인물에게서 궁극적으로 우리 자
신이 보이는 거예요. 가까운 사람들이 나누는 인간애가 있
고, 서로에게 충실하고 사랑하지만 (상황에 의해 어쩔 수
없이 저지르게 되는) 배신도 있다는 거요."

가족을 부양해야 하는 가장의 의무때문에 마피아와 엮
이고, "(마피아 수뇌부에서) 명령이 떨어지고, 그것을 제대

로 처리했으며, 그에 대한 보상을 받았"던 프랭크의 일은 참전군인 때와 똑같았다. 왜 자신에게 그런 명령을 내리는지 물을 수도 따질 수도 없이 임무를 이행해야 했다. 프랭크나 군인뿐만이 아니다. 살다 보면 누구나 내가 왜 이런 일을 겪어야 하는지 알 수 없는 상황에서 내키지 않는 일을 어쩔 수 없이 해야 하는 경우가 있다. 총을 쏘고 싶지 않지만 쏟아지는 총탄 속에서 살아남기 위해 내 본래 의지나 의도와 상관없이 적이나 포로를 죽여야 하듯이. 삶은 아무 설명 없이 때로 나를 원치 않는 상황에 몰아넣고, 인간은 그 상황에 순응할 수밖에 없다. 어쩔 수 없이……

문명이 발전할수록 불가항력적인 일이 많아진다

「아이리시맨」의 전제라고 감독이 말하는 '우리 세계'란 갈수록 복잡해지는 세상을 의미한다. 어쩔 수 없는 상황에 처하는 우리 모습은 갈수록 복잡해지는 세상에 비해 보잘것없는 인간의 (인지) 능력에서 기인하기도 한다. 흔히 노오력하라는 말을 한다. 의지만 충분하면 못할 것도 없고 안 되는 일도 없다면서, 그것이 평등하고 자유로운 현대사회에 사는 사람의 특권인 것처럼 여긴다. 하지만 그런 생각은 종교와 주술이 정치·사회·문화를 지배하던 전근대나 사과나무 아래에서 만유인력의 법칙을 발견한 뉴턴 시대의 사고방식에 가깝다.

단순한 사회일수록 인간이 알지 못해서 통제할 수 없는 일이 거의 없다. 수렵·채집 시대에서 농경시대로 넘어오면서 인간은 정착 생활을 시작했지만, 그 세상은 여전히 혈연·종족을 중심으로 한 30~150명 정도의 작은 규모였다.[28] 통계 사료가 부족하지만, 조선은 인구가 급증한 후기를 제외하고 일반적으로 수십에서 많아봤자 수백 명 규모의 촌락들로 이루어져 있었다고 한다. 이런 시대에는 가뭄과 홍수 같은 변수에 무방비 상태로 노출되긴 했지만, 기술 발전이 더디고 경쟁도 없었기 때문에 대체로 예년과 비슷한 생산량을 기대할 수 있었다. 따라서 지도자 몇 명의 명령과 지시에 따른 식량 분배가 가능했다. 개개인의 삶도 뻔했다. 직업부터 배우자까지 자기 삶에 대한 선택 가능성이 신분으로 제한되어 단순했다. 한평생 이동하는 경우도 거의 없고 웬만하면 서로 다 아는 사람이 모여 사는 사회에서 어떤 일이 왜 발생했는지 파악하기 어렵지 않았다.

물론 그 시대에도 때로 원인을 알 수 없는 사건이 발생했다. 그것이 특히 감당하기 어려운 불행일 경우엔 마녀사냥처럼 납득할 만한 원인을 만들어내 단죄함으로써 사회

---

28   민경국, 『민경국 교수의 자유론』, 북코리아, 2021, p.175

와 삶에 대한 통제력을 확인했다. 그러나 인간 세계를 신의 세상의 연장으로 여기던 사회에서는 수긍하기 어려운 불행도 신의 뜻으로 받아들이려는 정서가 깔려 있었다. 무고한 약자에게 죄를 덮어씌우는 마녀사냥도 이단이나 악마를 배척하는 종교적 사고방식에 기인한다. 반면, 신이나 사후 세계를 인정하지 않고 도덕(유교)으로 백성을 통치하던 조선에서는 불행에 대한 태도가 달랐다. 나라의 주인인 임금의 도덕성이 곧 백성의 삶에 영향을 미친다는 사고방식에서 임금이 부덕한 탓에 하늘이 노하여 자연재해나 외세의 침입이 일어난다는 식으로 불가해한 일을 이해했다.

이 같은 유교의 현세주의 세계관으론 불가항력적 불행을 영문 모른 채 받아들이는 데 한계가 있다. 조선인 특유의 정서인 '한'은 수긍하기 어려운 불행을 어떻게든 받아들일 여지를 갖게 하는 세계관이 부재한 탓에 형성된 것 아닐까? 한은 자신이 당한 부당한 일을 도무지 받아들일 수 없을 때 품게 되는 마음, 즉 억울한 마음이 극에 달한 정서다. 누구 탓인지, 무엇 때문인지도 모른 채 피할 수 없는 불행을 겪으면서 생기는 응어리지고 풀리지 않는 슬픔의 감정이다. 자연현상조차 임금의 도덕성에 따른 하늘의 상벌로 이해해야만 납득하는 사고방식에서는 자신이 이해하시 못하는 사건이나 상태 앞에서 자기 입장이나 생각을 내려놓는 태도가 생겨나기 어렵다.

뉴턴의 만유인력 법칙 발견으로 과학 발전이 도약하는 시대에도 비슷한 면이 있었다. 어떤 면에서 뉴턴의 발견은 인간이 파악하지 못할 일은 없다는 관념을 강화시킨 자만의 시대를 열었다고도 할 수 있다. 중력의 발견이 그토록 획기적이고 의미 깊은 까닭은 하늘과 땅에 같은 법칙이 통용된다는 사실 때문이다. 이전까지는 과학자조차 신의 질서를 따르는 이 세계는 인간이 파악할 수 있는 영역이 아니라고 여겼다. 뉴턴의 만유인력 법칙은 그런 통념을 깨트렸다. 땅에서 일어나는 일에 하늘에서의 변화와 같은 운동 법칙, 즉 힘의 방정식을 적용할 수 있다면, 이제 인간이 알 수 없는 일은 없다. "사물의 현재 상태와 그에 작용하는 갖가지 힘을 안다면 미래를 예측할 수 있다"는 뉴턴의 물리학적 사고방식은 과학뿐만 아니라 인간관계 맺기, 국가 경영, 인간 행동 등 사회 분야로도 퍼졌다.[29]

우연적인 사건이나 현상을 신의 의지로 이해하는 주술적 사고방식은, 뉴턴 이후 이성적 관찰과 논리로 모든 현상을 설명할 수 있다는 과학적 사고방식으로 대체되었다. 인간은 나아가 미래도 예측할 수 있다며 스스로를 과신하기

---

29   슈테판 클라인, 『우리가 운명이라고 불렀던 것들』, 포레스트북스, 2023, p.47~48

시작했다. 하지만 분업이 출현하고 시장 자본주의가 발달하면서 그러한 과신 또한 설 자리를 잃었다. 전체를 볼 수 없는 작은 일부분이 된 개개인은 인간 인식의 한계에 직면하지 않을 수 없다. 분업 시스템과 시장자본주의는 인간 세상을 한없이 복잡하고 방대하게 만들기 때문이다.

2019년 8월 말에서 10월에 걸쳐 방영된 예능프로그램 「놀면 뭐하니-유플래쉬」에서 여러 팀이 하나의 곡을 만들어내는 모습은 분업으로 인한 복잡성을 단순하게 보여준다. 여기엔 이적과 유희열, 선우정아, 윤상, 이상순, 정동환, 적재 등 내로라하는 대중 음악가들로 이루어진 두 팀이 등장한다. 진행자 유재석이 프로그램 PD의 지시에 따라 친단순하고 기초적인 짧은 드럼 비트를 시작으로 처음 한 사람이 몇 마디씩 작곡을 하고 다음 사람이 그다음 마디를 작곡하는 식으로 두 곡을 만들어낸다. 이를 통해 분업과 협업으로 멋진 곡이 만들어지는 과정을 담아냈다. 실제로 오늘날 작곡은 한 사람이 한 곡 전체를 만들던 과거의 방식과 달리 작곡가와 작사가, 편곡가뿐만 아니라 프로듀싱, 엔지니어링, 마스터링 작업을 하는 사람 등이 다 따로 있다. 연주 또한 세분화되어 있다.

이런 분업 시스템 아래에서는 어느 한 사람의 역량으로 곡의 완성도가 결정되지 않는다. 한 작업자가 아무리 좋은 의도를 갖고 최선의 노력을 기울여도 그 영향은 자기가 맡은 일부 영역에 국한된다. 그래서 때로 최종 결과물이 특정 작업자의 기대나 예측과 다를 수도 있다. 작곡 분야는 그나마 단순한 형태의 분업 시스템이라 어느 부분에서 잘못되었는지 알아낼 수 있지만, 세상일에 이 같은 시스템을 적용하면 한 사람이나 몇몇이 일의 전말을 파악하기란 거의 불가능하다.

독일 출신의 과학 칼럼니스트 슈테판 클라인은 문명의 디지털화 또한 인간 인식과 그로 인한 통제의 한계를 드러낸다고 지적한다. 오늘날 로봇 자동화 시스템, 인터넷 연결망, 전류 공급망, 은행이나 금융 시스템, 로켓이나 항공기 운항 시스템 등에 작은 결함이라도 생기면 엄청난 혼란에 빠지거나 참사가 일어나는데, 인간은 그 오류 가능성을 전부 체크해서 알 수 없다는 것이다. 슈테판 클라인은 1981년 MS-DOS의 명령어는 4000개에 불과했으나 현재의 윈도우XP는 무려 3만 개에 달한다고 말한다.[30] 반면 "위험은 그다지 눈에 띄지 않는 개별적인 부분이 긴밀하게 연결되면서 확대된다"는 기술사회학자 찰스 페로의 연구 견해를 인용하면서 "세계가 복잡할수록 우리는 행동 결과를 더욱 예측하기 힘

30   같은 책, p.295, p.292, p.296

들며, 안전한 것과 위험한 것을 구별하기가 더 힘들어진다"
고 말한다. 컴퓨터 창시자라고 불리는 잉글랜드 과학자 앨
런 튜링은 "오류 가능성을 완벽하게 테스트하려면 사용자는
애초부터 소프트웨어로 얻을 수 있는 모든 지식을 소유한
상태여야 하는데, 그것은 불가능하다."라고 말하기도 했다.

어떤 일과 관련한 모든 지식을 소유하는 게 불가능한 이
유는 비단 양적 방대함 때문이 아니다. 근본적인 이유는 인
간이 인식하는 방식, 즉 뇌기능의 한계다. 뇌가 작동하는
방향은 단순화다. 복잡한 현실, 혼란스러운 세계를 파악하
기 위해 뇌는 정보를 단순화하고 분류해서 규칙이나 프레
임 같은 형식을 부여하려고 한다. 따라서 규칙이 너무 복
잡하고 고려해야 할 정보가 너무 많아 사건을 단순한 패턴
으로 기술할 수 없으면, 인간은 그 사건의 인과관계를 알
수 없고 원인을 설명할 수 없다.[31] 문제는 거기서 끝이 아니
다. 그러한 한계에도 불구하고 "연결 짓기 좋아하는" 우뇌
는 불충분한 자료로 연상을 만들어낸다. "질서를 좋아"해
서 체계와 규칙 찾기를 포기하지 않고 있던 좌뇌는 그 연
상을 논리적으로 연결하려 애쓴다. 그 결과, 논리적이지만
현실과 동떨어질 수밖에 없는 설명이 도출된다. 그러나 뇌

---

31   같은 책, p.36

에게는 현실이 중요하지 않다. 말이 되기만 하면 그것이 뇌에게는 현실이 된다.[32]

아무리 문명이 발전해도 오해와 오류가 사라지지 않는 건 이 때문이다. 미스터리가 사라지지 않는 이유도 같다. 수수께끼처럼 설명하기 힘든 이상한 사물이나 사건은 정말로 비밀스럽고 기이한 게 아니다. 인간의 뇌, 즉 인지체계에 내재한 한계 때문에 생긴다. 단순화해서 규칙과 질서를 찾을 때만 사건과 세상을 파악하고 이해할 수 있는 인간은, 끊임없이 새로운 변수가 등장해 복잡하게 연결되고 확대되는 현대 문명의 흐름 속에서 'It's what it is', 즉 내키지 않더라도 받아들여만 하는 상황을 점점 더 많이 마주할 수밖에 없다.

할 수 있는 일과 없는 일을 구분하는 능력

사안을 단순화하는 인간의 인지 체계 방식과 달리 문명은 점점 복잡한 양상으로 발달한다. 이런 세상에서 근대의 '개인'은 자신이 이뤄나가는 문명을 통제하지 못해 스스로 구속되는 모양새로 보인다. 「아이리시맨」은 요양원의 방 안에서 혹여 자신을 외면한 자식들이 마음을 바꿔 찾아오지

---

32   같은 책, p.234~239

않을까 쓸쓸히 기다리는 말년의 프랭크 모습으로 끝난다. 이런 엔딩 역시 보잘것없는 현대인의 체념적 비애를 냉소하는 것일까? 다소 모호한 듯한 이 영화의 결말에 비해 이보다 3년 앞선 2016년에 개봉한, 마틴 스코세이지의 또 다른 영화「사일런스」의 메시지는 비교적 분명하다.

일본의 대문호 엔도 슈사쿠의 소설을 원작으로 하는 「사일런스」는 17세기 포르투갈 예수회 신부들이 에도 막부 지배하의 일본에서 일본인 신자들의 신앙과 구원을 돕고자 했던 이야기다. 그 과정에서 신부들은 기독교를 박해하던 당시 지배층의 참혹한 고문과 핍박에 고통스러워하면서 신의 목소리를 갈구한다. 하지만 신은 침묵하고, 절망 속에서 배교를 강요하는 일본 관리에게 필사적으로 저항하다가 끝내 굴복한다.

그러나 그 굴복은 자기 뜻대로 되지 않는 현실을 받아들인다는 의미이지 신앙의 포기가 아니다. 그들은 기독교를 거부하는 일본에서 자기 뜻을 관철시키길 포기한다. 대신, 비록 자신이 원하고 계획했던 바가 아닐지라도, 천문학과 의학 같은 일본의 근대 발전에 종사하며 여생을 보낸다. 실제로 근대 사회의 발전은 종교의 자유로 이어졌으니 그들이 본래 뜻하던 바도 이루어진 셈이다.

종교적 수행 관점에서 보면, 배교한 신부들 모습은 자신이 알지 못하는 신의 뜻(계획)이 있으리란 믿음으로 에고를 내려놓는 순종과 겸손의 자세다. 근대의 개인 관점에서 보면, 자신이 할 수 없는 일과 할 수 있는 일을 구분하고 받아들여서 자신이 그 사회에 기여할 수 있는 일에 집중하는 메타 인지적 태도다. 선하고 정의로운 자기 의지와 상반되는, 그래서 바람직하지 않은 것 같은 현실에서 어쩔 수 없이 하는 일이라 해도!

　　인간은 환경의 영향을 받는다. 인간이 결코 극복할 수 없는 환경적 제약이 존재한다는 사실을 인정하는 것은, 자유(자율)의 가능성과 자기 의지를 가진 개인이 등장한 현상과 함께 꼽을 수 있는 대표적 근대성이다. 근대 초기 학자들은 신의 뜻과 섭리를 성경을 통해 주입받는 대신, 있는 그대로 자연을 관찰하면서 직접 알아내려 했다. 이전에는 자체적 질서를 가진 천체 우주와 달리 인간과 지구의 자연은 신의 피조물이므로 신의 질서를 따른다고 보았다. 이를테면, 다 익은 사과가 떨어지는 건 중력 때문이 아니라 자기 근본으로 돌아가려는 회귀 본능 현상이라 여겼던 것이다.[33] 뉴턴 이후 학자들은 자연현상에 대한 관찰을 바탕으로 자연계 원리를 체계화했다. 이 과학적 세계관은 인간 사

33　같은 책, p.47

회 역시 일정한 법칙과 질서에 따라 구성될 수 있다는 믿음을 낳았고, 정치나 경제 같은 사회 분야에도 이 원리를 적용하려는 시도로 이어졌다. 루소, 스미스, 로크 등 많은 근대 사상가가 자연법으로 인간 사회의 정당성과 질서를 설명하려 했던 이유도 여기에 있다.

인간 세계가 신의 질서를 따른다고 여기던 전근대적 사고방식은 맹목적 믿음만으로 신에게 다다를 수 있다고 본, 이를테면 막무가내 방식이었다. 근대화란, 관찰을 통해 인간이 세상이라는 환경의 제약(자연법칙)을 거스를 수 없다는 사실을 인정하고 이를 이용하고자 노력한 결과이자 변화이다.

르그로가 전근대를 '신성화된, 마법에 걸린 세계'라고 표현했다면, 막스 베버는 근대를 탈주술화로 특징지으면서, 근대 이후 사회는 '종교의 가치상실' 속에서 '과학적 이해가 믿음보다 더 가치 있으며, (사회는) 이성적 목표를 향해 간다'고 보았다.[34] 이 설명에는 종교적(주술적) 세계관이 약화되고 이성이 강조되는 것이 진보라기보다 가치 체계의 전환, 즉 상대적 변화일 뿐이라는 의미가 내포되어 있다. 실제로 인간은 완전히 이성적일 수 없으며, 어떤 사안

---

34   위키백과 한국어 - '탈주술화'

의 전말을 이해할 때에도 그것을 단순화해서 많아야 대여섯 가지 현상만 원인으로 삼으려는 본능과 능력치를 갖고 있다. 이러한 뇌과학의 발견은 인간에게서 주술적 사고방식을 완전히 제거할 수 없다는 사실을 상기시켜준다. 이런 한계에서 이성과 의지의 근대 인간인 '개인'이 찾을 수 있는 가능성은 메타 인지, 즉 인간(자신)이 할 수 있는 일과 없는 일을 구분할 줄 아는 능력 개발일 것이다.

골프 선수 양희영은 2023년 12월 미국 여자프로골프 투어에서 4년 9개월 만에 우승하고 난 뒤, 일간지 인터뷰에서 자신이 한 훈련을 소개했다.[35] 그는 그동안 "모든 것을 다 컨트롤하려 했고, 뜻대로 되지 않으면 스드레스를 낳이 받았"다면서 "'할 수 있는 것'과 '할 수 없는 것'을 구분하는 훈련을" 통해 마음 관리를 했다고 말했다. 이처럼 무조건 열심히만 하면 된다는 우격다짐이 아니라 자기 능력과 한계를 정확히 파악해 시간과 노력을 적절히 배분하는 것이 중요하다. 이는 개개인 차원뿐만 아니라 기업 전략, 나아가 국가·사회적인 일까지 전부 해당된다. 근대 이후 문명 발전 속도가 비약적으로 빨라진 건 그렇게 인간이 할 수

---

35 「34세 베테랑의 부활, 비결은 '마음 관리'…LPGA 데뷔 16년 만에 최고 성적 낸 양희영」, 조선일보 2023. 12. 22

있는 일과 없는 일을 구분하고, 할 수 있는 일에 집중한 덕일 것이다.

인간에게 한계가 있다는 사실, 자신에게 일어나는 일들을 완벽하게 통제할 수 없다는 현실은 슬프고 서러운 일이 아니다. 모두가 바라는 행운, 생각지 않았던 기회는 인간이 가진 한계가 아니라면 결코 일어날 수 없는, 동전의 양면 같은 것이 아니던가? 언뜻 쓸쓸한 느낌을 자아낼 수 있을 법한「아이리시맨」의 마지막 장면은 그래서 오히려 담담하다.

나를 사랑한다는 건 나 자신뿐만 아니라 내 운명, 즉 "운명이 내게 가져오는 것들"까지 사랑한다는 걸 의미한다고 헤르만 헤세는 말한다. "설령 지금은 그 의미를 알 수 없고 도저히 이해되지 않더라도 거부하거나 멀리하거나 뒤로 미루지 말고 스스로 기쁘게 받아들여 웃으며 사랑해야 한다"[36] 면서!

---

36   헤르만 헤세, 『헤세의 인생공부』, 북로그컴퍼니, 2020, 1장

조조 래빗

전쟁 속에서도 삶은 선물이라며 춤추는 로지의 유쾌함

✳

절망에 대항할 수 있는 최고의 무기는 웃음

대학에 다닐 때 방청객 아르바이트를 하다가 출연자에게 핀잔을 들은 적 있다. 당시 한창 인기 있던 예능프로그램 「일요일 일요일 밤에」 스튜디오 녹화 때였다. 한 개그맨이 무대에서 혼자 스탠드업 코미디를 하는데, 나는 어느 포인트에서 웃어야 할지 몰라서 그를 멀뚱멀뚱 쳐다보기만 했다. 눈치껏 옆 사람들이 웃을 때 따라 웃어도 되련만 도무지 얼굴 근육이 움직이지 않았다. '웃어야 해! 웃어야 해!' 마음속으로만 애절하게 외쳤다. 그 개그맨은 내게 '그렇게 안 웃으면 어떡하나'라면서 언짢아했고, 메인 MC인 또 다른 개그맨은 나를 보고 혼잣말하듯이 '집안에 우환이 있나?'라면서 농담조로 좀 웃을 것을 권했다. 같이 갔던 친구는 그런 나를 보면서 히죽거렸다.

　웃음은 내게 은근한 콤플렉스였다. 엄마는 내가 무표정일 때 꼭 화난 것 같다면서 사춘기 즈음부터 잘 웃을 것을 (반)강요했다. 좋은 인상을 갖길 바라는 엄마 마음이었지만 나는 난감했다. 사회생활을 하며 어느 정도 웃는 법을 익힌 지금이야 일단 덮어놓고 '에'와 '혜'의 중간 발음을 내면서 양 볼에 힘을 잔뜩 주고 입을 양옆으로 찢으면 금세 자연스러운 미소로 이어지지만, 어릴 땐 도무지 웃는 표정이 지어지지 않았다.

　'웃기지 않은데 도대체 어떻게 웃으란 말이야!?'

　행복해서 웃는 게 아니라 웃어서 행복한 것이라는 말을 그때 들었다면, 아마 나는 귓등으로 흘려들었을 게 분명하다.

　성격적으로도 청년기에 나는 대체로 심각하고 진지했다. 유머러스한 사람을 좋아하고 선망했지만, 진지한 얘기를 나눌 때 누군가 장난을 치면 경직된 표정으로 그를 응시했다. 장난이나 유머, 웃음은 바다 밑에서 전복을 따다가 올라와 잠시 부표를 잡고 숨 쉬는 것과 같다고 생각했다. 근무시간엔 열심히 일하고 주말이나 퇴근 후에 영화나 드라마를 보며 취미생활을 하듯이, 내게 웃음은 진지한 삶을 이어나갈 수 있도록 잠깐잠깐 기분 전환하는 도구일 뿐이었다. 근본적으로 웃음은 진지함과 어울리지 않는다고 여겼다.

그런 내가 아우슈비츠 수용소 같은 곳에 갇히거나 전쟁을 겪는다면 과연 웃을 수 있을까? 아마 웃음이 그런 상황에서 무슨 소용이 있냐며 단호했을 것이다. 영화 「조조 래빗」의 로지와 달리, 웃음이 인간에게 얼마나 유용하고 큰 의미를 갖는지 짐작조차 하지 못했을 테니까.

심각한 꼬마 소년 조조와 장난치고 춤추는 엄마 로지

로지 베즐러에게는 10살 된 귀엽고 사랑스러운 아들 조조가 있다. 조조는 어린아이답게 순수하고 순진하며 마음도 한없이 여리다. 제2차 세계대전 당시, 독일 사회가 나치즘에 열광하던 분위기 속에서 조조 역시 히틀러를 마냥 동경한다. 하지만 악의나 이기심은 조금도 없는, 천진난만함 뿐이다. 로지는 그가 한창 제복에 대한 환상과 동경을 품고 또래집단에 소속되고 싶어 하는 시기라서 그렇다고 여긴다.

어쨌든 조조는 심각하다. 그는 불의의 사고로 히틀러 유겐트(나치당에서 운영하는 청소년 조직) 캠프 훈련에 참가할 수 없게 되자 선동 포스터 붙이는 일이라도 하겠다며 열성을 표한다. 유태인이 괴물처럼 생겼다는 나치 얘기를 그대로 믿으며, 위대한 독일 민족을 지키기 위해 이 전쟁에서 반드시 이겨야 한다고 의분을 터트리기도 한다. 조조의 가장 크고도 유일한 관심사는 당연히 정치와 전쟁이다.

나치와 히틀러에 빠져 독일 승리를 열렬히 응원하는 아들과 달리, 로지는 광장에 목매달려 죽을 위험을 무릅쓰고 남몰래 나치 반대 선전물을 돌리는 등 히틀러에 저항하며 연합군의 승리를 염원한다. 그러나 자신과 정치적 견해를 달리한다고 해서, 또 그 다른 판단이 그릇되었다고 해서 조조의 생각이나 태도를 교정하려 하지는 않는다. 그저 어린 아들을 이해하고, 성장하면서 스스로 달라지리라 믿고 기다린다.

그렇다고 마냥 무사태평한 건 아니다. 로지가 우려하는 건 조조가 나치와 히틀러를 선망하는 게 아니라, 나이답지 않게 정치와 전쟁 이슈에만 몰입하면서 어린 시절을 심각하고 무겁게 지내는 모습이다. 히틀러 유겐트 훈련 중 폭발 사고로 다친 뒤 조조는 스스로를 희망 없는 불구 소년이 되어 빈둥거린다고 자조하고, 춤은 할 일 없는 실업자들이나 추는 거라고 빈정대기도 한다. 그런 모습을 볼 때마다 로지는 "나무에 오르다 떨어지고"하면서 온종일 웃을 거리를 찾아 장난치고 놀 수 있는 유일한 시기를 놓치고 있다는 사실에 안타까워한다.

그래도 로지는 조조에게 나치대원 흉내 내지 말고 다른 놀이를 하라고 다그치지 않는다. 대신 조조에게 장난치고 농담하면서 심각한 조조를 웃게 만든다. 로지의 유쾌하고 활기 넘치는 태도는 얼핏 보기엔 특별한 아픔이나 근심 걱정 없이 살아가는 사람만이 가질 수 있는 여유처럼 보인다. 사실은 정반대다. 남편은 전쟁에 나간 뒤 소식이 두절되었고, 조조보다 먼저 낳은 딸은 12살 되는 해 독감에 걸렸다가 죽었다.

로지는 아내로서 엄마로서 느끼는 좌절과 죄책감, 불안과 두려움에 압도되어 우울하고 무기력하게 생활하거나, 아니면 마지막 남은 어린 아들을 지켜내기 위해서 가슴에 한을 품은 사람처럼 악바리로 살아갈 법하다. 허구의 인물이라 해도 그런 상황에서도 유머와 웃음을 잃지 않는 로지의 태도는 특별하다. 어떻게 그럴 수 있는 걸까?

춤은 실업자들이나 추는 거라면서 춤추길 거부하는 조초에게 로지는 말한다.

"춤은 자유로운 사람들이 추는 거야. 현실에서 벗어나게 해주거든."

가볍게 발을 구르면서 삶의 무게에서 오는 압력에서 벗어나 있으면, 자신의 감정적 판단에서 벗어나 순간적으로

나마 현실을 객관적으로 받아들일 수 있는 가능성이 열린다. 그러면 삶으로 인한 슬픔 뒷면에 기쁨이 있다는 것을, 또 아름다움 뒷면에는 두려움이 있음을 느낄 수 있다. 영화 마지막에서 인용되는 라이너 마리아 릴케의 시처럼.

"아름다움과 두려움, 모든 것을 경험하고 계속 나아가라. 어떤 감정도 끝은 아니다Let everything happen to you: beauty and terror. Just keep going. No feeling is final."

그리고 그 모든 것을 아우르는 삶이 신의 선물이자 축복이라는 사실까지도 깨달을 수 있다.

이제 어떻게 삶을 즐기지 않을 수 있겠는가? 로지의 유쾌함은 곧 삶에 대한 감사이고, 삶에 대한 사랑은 다시 춤, 즉 발을 구르는 동안 얼굴에서 만개하는 웃음으로 드러난다.

웃음은 근대 개인·자유주의 사회의 특징

철학자 아리스토텔레스처럼 나도 웃는 생명체는 인간뿐이리라 생각했다. 그러나 침팬지를 비롯한 영장류는 서로 간지럼을 태우면서 웃고, 개도 뛰놀 때 숨을 헉헉거리면서 웃는다. 쥐도 간지럼을 태우면 웃음소리를 낸다고 한다. 애초에 웃음은 동물의 으르렁거림에서 생겨난 진화의 산물이기 때문이다. 즉, 웃음은 인간의 본능이 아니며, 인류 조상은 즐거움을 웃음으로 표현하지도 않았다. 그들이 입을 양쪽으로 벌릴 때는, 동물이 으르렁거릴 때와 마찬가지로, 원시 자연에서 위협적인 무언가를 감지하고 자기 공격성을 표출할 때였다. 그리고 위협이 사라지면 안전함을 다른 사람이나 집단에게 알리기 위해 웃음소리를 냈다. 동료가 멀리 있을수록 크게 웃었다. 오늘날 유쾌함을 드러내는 신호로 기능하는 웃음은 불안 후 안도감의 표시가 진화한 형태라는 것이다.[37]

웃음이 비록 인간 고유의 성질은 아니지만, 시대적 특징이라고는 할 수 있다. 웃음이 긍정적인 소통수단이자 덕성의 의미를 갖게 된 것은 근대 이후의 변화이다. 근대 이전엔 주로 비웃음이나 조롱으로서, 삼가야 할 행동이었다. 독일 저술가 만프레트 가이어의 『웃음의 철학』에 의하면 플라톤은 웃음을 다른 사람의 "불행을 즐거워하는 비도덕적 행위"로 여겼고,[38] 이슬람교와 유대교, 중세의 기독교 경전에서 웃음은 대개 경멸이나 조롱의 의미[39]로 쓰였다.

---

37   이윤석, 『웃음의 과학』, 사이언스북스, 2022, p.36~46, p.74~76
38   김찬호, 『유머니즘: 웃음과 공감의 마음사회학』, 문학과지성사, 2018, p.206에서 재인용
39   같은 책, p.44

전근대에 웃음과 관련한 일을 하던 피에로, 광대, 각설이 등은 아무리 왕 가까이에 상주한다 해도 밑바닥 신분으로 천시받았다. 르그로가 설명했듯이 인간 세계를 신의 세계가 연장된 곳으로 인식하던 신분제 시대에 왕과 귀족, 사제 등 지배 신분은 피안과 차안의 중개자로서 오직 두려움과 존경, 경외감의 대상이었다. 장엄한 의례와 의식의 엄숙함 앞에서 웃음의 경쾌함은 경박함으로 인식되지 않을 수 없었다. 게다가 문학평론가 최진석은, 웃음에는 인간사의 금기를 넘어서고 "고정된 서열을 허물어뜨리는 능동적이고 적극적인" 힘이 있다고 말한다. "중세의 공식문화를 지배하던 종교적·국가적 질서에 대해 민중의 웃음이 항상 불온하고 위협적이었던 것은 그런 까닭에서다."[40]

앞서 말했듯 웃음을 긍정하기 시작한 건 근대의 변화다. 근대 시대의 주역이 중세 상인계급이었던 부르주아였듯이 웃음에 대한 긍정 역시 그들 문화가 가져왔다. 대가족이던 주거형태가 부르주아를 중심으로 핵가족화되기 시작하고 일터와 가족 공간이 분리되면서 공사 개념이 생겨났다. 그렇게 사생활 또는 프라이버시에 대한 인식이 싹트자 이전

---

40   최진석, 「생성, 또는 인간을 넘어선 민중: 미하일 바흐친의 비인간주의 존재론. 서울대학교 러시아연구」 2014, 24(2), 339-340.

에 집으로 초대해서 이루어지던 사교생활이 카페와 클럽으로 옮겨졌다. 18세기 영국 카페와 클럽에서 이루어진 왕성한 대화와 토론에서 "농담을 섞어 유쾌함을 더하는 것이 중요한 대화 기술"로 여겨지기 시작했다고 『대화의 역사』에서 스티븐 밀러는 설명한다.[41]

부르주아는 유머를 세련된 매너로, 유쾌한 웃음을 미덕으로 삼았다. 이는 자유로운 교환이라는 시장경제 활동을 통해 생계를 이어가면서 자연히 터득한 태도와 가치다. 시장에서는 낯선 이방인이라 해도 서로 예의를 갖춰 존중하고 신뢰해야 원활하게 거래할 수 있다. 오만하고 불친절하며 미덥지 않게 행동하면 자기가 원하는 걸 얻기 어렵다. 위계 없이 피차 동등한 사람이 서로 상대방에게 믿음을 주려면 부드럽고 유쾌한 분위기를 조성하는 것이 유리하다. 그런 환경에서 웃음은 조롱이나 비웃음이 아닌, 호의를 드러내는 수단이 되어 서로의 마음을 여는 기제로 작용한다.

이처럼 웃음은 근대의 특징이지만, 그렇다고 해서 모든 지역에서 똑같이 선호되는 덕목은 아니다. 체제나 문화에 따라 여전히 금기시되기도 하고 억압되기도 한다. 대표적

---

41   김찬호, 『유머니즘: 웃음과 공감의 마음사회학』, 문학과지성사, 2018, p.62~63에서 재인용

인 사례가 전체주의 사회다. 옛 소련에서는 유머의 허용범위를 최소한으로 좁혔다고 한다.[42] 나치 독일은 물론 현재의 러시아와 중국, 북한과 같은 권위주의 체제에서는 정치권력에 대한 풍자가 불가능하다. 북한의 영화·드라마에서 "평범한 사람들의 일상생활을 배경으로 세속적 가치, 오해와 실수 등을 웃음거리로" 삼은 건 김정일이 체제의 필요에 따라 웃음을 도구화해 제한적으로 허용하며 통제하던 시기에야 등장했다.

김정일의 웃음 독려는 1990년대에 무려 당시 인구 3~5%를 아사하게 한 체제 실패를 감추려는 위장이었다.[43] 20세기 가장 비극적인 대기근으로 꼽히는 '고난의 행군' 초기에 김정일은 기존의 근엄한 표정이었던 김일성 영정 사진을 활짝 웃는 얼굴로 그리게 했고, 그 자신도 현지 지도를 하면서 파안대소하는 모습을 보였다.[44] 그런 이상하고 과장된 웃음은 미사일 등 군사무기 시설을 비롯해 여러 현장을 시찰하던 최근의 모습에서도 목격할 수 있다. 먹을 게 없어서 사람이 죽어나가는 판국에 의사결정 최고책임자가 즐거워하며 웃는, 한국 같았으면 곧바로 탄핵 얘기가 나왔

42   같은 책, p.202
43   「북한 식량부족 사태, 1990년 대기근 이래 최악」 연합뉴스 2023. 1. 20
44   정병호, 『고난과 웃음의 나라: 문화인류학자의 북한 이야기』, 창비, 2020, p.340

을 법한 모습이 도리어 체제 한계를 극복하는 방법이라니, 자유민주적 분위기가 익숙한 사람들에게는 괴기스럽게 보이지 않을 수 없을 것이다.

전체주의 체제에서 웃음이 이처럼 기괴하고 제한적으로 허용되는 배경에는 웃음을 천박하게 여겼던 전근대와 비슷한 사회 분위기가 있다. 전근대가 신을 중심으로 왕과 귀족, 사제 등 지배 신분에 대한 숭배와 두려움, 복종으로 질서를 유지했듯이 전체주의 역시 독재자를 영웅으로 떠받들고 그에 대한 공포심을 자아냄으로써 유지되기 때문이다.[45] 경제철학자 하이에크는 나치 정권을 선출했을 당시 독일인에게 영국인보다 부족했던 자질을 설명하면서 집단주의적 혹은 군사적 유형의 사회가 지배적이 됨에 따라 흩어져 없어지는 미덕으로 친절과 겸손, 프라이버시 존중, 이웃 신뢰와 함께 유머를 꼽는다.[46]

웃음에 대한 태도는 체제뿐만 아니라 문화에 따른 차이도 적지 않다. 웃음에 관해 다방면으로 연구한 심리학자 마리안 라프랑스[47]는 "많은 아시아 국가에서 웃음은 감정을 반영하거나 드러내는 역할이 아니라 다른 사람이 어떤 감

---

45   김찬호, 『유머니즘: 웃음과 공감의 마음사회학』, 문학과지성사, 2018, p.202
46   프리드리히 A. 하이에크, 『노예의 길』, 자유기업원, 2018, p.213
47   마리안 라프랑스, 『웃음의 심리학』, 중앙북스, 2012, p.285~295

정을 갖기를 바라는지 알려주는 메시지"라고 설명한다. 반면, 독립성과 자기표현을 중요하게 여기는 개인주의 문화에서 "감정은 개인의 특권"이며, 그것을 표현하는 건 기꺼이 존중받을 행동이기에 굳이 자기 마음을 솔직하게 드러내지 않을 이유가 없다.

그는 32개국 5000여 명을 대상으로 한 데이비드 마쓰모토의 연구 결과를 인용해, 개인주의 문화가 강할수록 감정 표현을 긍정적으로 생각하고 집단주의적 사회일수록 다른 사람 감정을 우선시하는 경향이 크다고 지적한다. 이런 차이 때문에 일본의 야구선수 마쓰이 히데키가 메이저리그 첫 경기에서 그랜드슬램 홈런을 치고도 웃지 않은 건 집단주의 성향이 있는 일본 문화에서는 상대투수를 배려하는 사려 깊은 모습이지만, 개인주의가 강한 미국인에게는 자칫 위선으로 보일 수 있다는 것이다.

어느 이민자는 미국에서 살면서 우는 때보다 웃는 때가 훨씬 많다고 말한다. 슬프고 힘든 일을 겪지 않아서가 아니라 슬프거나 화나는 일에도 웃게 되는 경우가 많아서다. 미국 문화에 깊이 배어있는 유머 덕분이다. 이처럼 서로 유머 감각을 북돋우는 분위기는 그만큼 웃음에 대한 사회적 가치 부여가 크기 때문일 것이다.

웃음이 절망에 대항할 수 있는 최고의 무기인 이유,
자기 객관화와 오픈 마인드

자기표현보다 타인의 감정 배려를 우선시하는 문화에서는 웃음의 가치가 상대적으로 낮게 평가된다. 웃음의 본질을 고려하면 어쩌면 자연스러운 현상이다. 비웃음이 아니더라도 웃음에는 근본적으로 공격성이 내포되어 있기 때문이다. 이는 웃음의 기원이 원시 자연에서 위협적인 대상에게 자기 공격성을 내보이기 위한 행동이었던 영향이다. 희극을 바탕으로 웃음의 성질과 사회적 기능을 설명한 프랑스 철학자 앙리 베르그송에 의하면, 웃음은 무례한 악이다.[48] 웃는 사람 얼굴에 "선의와 상냥함과 쾌활함이 드러난다" 하더라도 우스꽝스러운 상황이나 모습을 보고 웃는 태도에는 "(짓궂음이나 상대방을 놀려먹고 싶은) 다소 오만한 마음가짐"과 "어느 정도의 이기주의"가 숨어 있다.[49]

하지만 비도덕적 행위라며 터부시한 플라톤과 달리 베르그송은 웃음에 긍정적 역할이 있다고 말한다. 웃음을 자아내는 우스꽝스러움은, 끊임없이 변화하는 주변 상황이나 사실에 유연하게 적응하지 못하고 자기 타성에 젖어 무

---

48   앙리 베르그송, 『웃음: 희극성의 의미에 관하여』, 문학과지성사, 2021, p.196
49   같은 책, p.199

심결에 내뱉는 말이나 생각, 행동, 반응에서 비롯된다. 웃음은 그런 사람의 바람직하지 않은 태도를 교정하는 효과가 있다는 것이다.

그러려면 필히 웃음 대상에게 기분 나쁜 느낌을 불러 일으켜야한다.[50] 다른 사람, 곧 웃음의 대상이 되는 사람의 감정을 우선적으로 배려하는 문화에서 웃음이 쉽게 검열 대상이 되는 이유가 바로 이런 특징에 있다. 그런 사회에서는 더 많이, 더 자주 웃을 수 있는 기회가 줄어드는 것이 당연하다.

단, 웃음을 자아내는 사람의 바람직하지 않은 태도는 "즉시 교정할 수 있는 것이어야 한다."[51] 신체 건강한 사람이 단지 평소 잘못된 자세로 인해 다리를 절뚝거린다면 그 모습을 보고 웃는 게 유의미할 수 있지만, 그 원인이 사고나 선천적 조건이라면 그 웃음은 되레 비난받게 된다. 오늘날 인종적 (인종, 성별, 장애, 출신 등 자신이 바꿀 수 없는 배경이나 성질) 요소를 유머의 소재로 삼지 않는 것이 불문율인 이유다.

웃음의 순기능은 여기서 그치지 않는다. 진짜 가치는, 웃음에는 절망에 대항할 힘이 숨어 있다는 사실이다. 그 힘

50   같은 책, p.116, p.134, p.189, p.150, p.199
51   같은 책, p.174

은, 베르그송이 웃음의 전제로 제시했듯, 웃는 자와 웃음 대상 사이의 공감 단절에서 기인한다. 우리는 흔히 웃음과 공감을 긍정적으로 연결시킨다. 웃음이 공감에서 나오므로 유머는 뛰어난 공감 능력을 전제한다는 식이다. 하지만 따져보면 우리는 농담을 구사하는 사람에게 공감하는 것이지 농담의 대상이나 소재에 공감하는 것이 아니다. 만약 웃음의 대상이 처한 상황이나 기분 또는 감정 상태에 진정으로 공감하고 몰입한다면 결코 웃을 수 없다. 웃을 수 있는 건 그 대상과 잠시 공감하기를 멈췄기 때문이다. 그렇게 생겨난 공감의 간극 덕에 절망스러운 상황이나 자기 자신과의 사이에 새로운 공간을 만들 여지가 생긴다.

오스트리아 출신 정신의학자 빅터 프랭클이 나치 강제 수용소에 감금되었던 시기에 동료 수감자들과 "자기 보존을 위한 투쟁 무기" 개발 훈련차 만들어낸 이야기라며 소개하는 유머가 있다. 우리가 웃음의 대상에게 공감하기만 한다면 이 유머는 그저 비난받아 마땅한 모욕에 지나지 않을 것이다. 유머 내용이 전부 수용소에서 풀려났을 때를 가정하고 있고, 그런데도 "수용소 생활에서 얻은 습관을 쉽게 버리지 못해서 일어날 수 있는 일들"[52]이기 때문이다. 복

---

52   빅터 프랭클, 『죽음의 수용소에서』, 청아출판사, 2020, p.37

직한 직장에서 받은 상사의 재촉을 수용소 건축공사장 감독의 독촉으로 착각해 엉뚱한 실수를 한다든가, 이웃집에 초대받은 사람이 자신이 풀려난 사실을 깜빡 잊고는 수용소 배식원에게 했듯이 스프를 밑바닥부터 퍼달라고 한다든가 하는 식이다.

이 이야기에서 웃음의 대상이 되는 강제수용소 수감자로서의 그들 자신에게 공감해 있는 한, 프랭클이 의도한 "자기 보존을 위한 투쟁 무기"로서의 웃음은 불가능하다. 어떻게 끔찍한 경험을 소재로 그런 농담을 하냐며 분노하거나 침울해질 뿐이다. 자기 자신을 수용소에서 풀려난 상태로 가정하고, 수용소에 감금된 현재 자신과의 공감을 단절한 덕에 스스로 조롱의 대상이 되어 웃을 수 있는 것이다.

객관화는 절망적인 현재 상태에서 살짝 떨어져 내면 공간을 만들고, 자기의 진정한 모습과 연결될 때 가능하다. 빅터 프랭클이 직접 경험한 "그 어떤 상황에서도 그것을 딛고 일어설 수 있는 능력과 초연함을 가져다"주는 유머의 힘은 웃음에 내재한 바로 그 객관화 가능성 때문이다. 어떤 상황이나 자기 자신에게 함몰되지 않고 살짝 떨어져 제3자처럼 스스로를 바라볼 때 자기 성찰을 통한 개선과 발전도 가능하고, 또 모든 사물과 사람, 상황은 변하기 마련이라는 초연한 자세로 어려움을 인내할 수 있다.

타성에 젖은 무의식적 습관, 즉 주변의 변화를 파악하지 못해 생긴 실수나 부족이 드러날 때 우리는 조롱하듯 웃지만 그런 웃음에는 배제와 소외 느낌을 자아내는 처벌적 뉘앙스만 있지는 않다.

언젠가 손뜨개질에 빠져 있는 친구가 자기가 짠 가방을 보여준다며 핸드폰 사진을 한 장 한 장 넘기다가 포장 상태 그대로 실이 한가득 담긴 커다란 상자 두세 개가 찍힌 사진이 나왔다. 눈이 휘둥그레진 나는 "하여튼 너는 뭐만 시작하면……."이라고 핀잔하듯 말했다. 장비부터 쌓아놓고 앞서나간다는 뜻이었다. 예전에 식물 키우기에 꽂혔을 때는 각종 화훼 장비를, 베이킹 배울 때는 고가의 반죽 기계를 구입해 전문가가 될 것처럼 의욕을 부렸지만 전부 결국 흐지부지되고 만 전력이 있었기 때문이다.

그 말을 듣자마자 친구는 웃음을 터트렸고 우리는 함께 깔깔댔다. 친구의 웃음에는 자기 자신에 대한, 내 웃음에는 친구에 대한 조롱, 즉 교정의 의미가 있었다. 그러나 조금 다른 뉘앙스도 섞여 있었다. 항상 마음만 앞서나가 일부터 저지르고 보는 부족함이 있음에도 불구하고 지금 그대로도 괜찮다는 포용의 느낌이다. 그건 자기 자신을 개선해나갈 필요가 없다는 게 아니라, 당사자에게는 현재 자기 자신의, 내게는 지금 친구의 모습을 부정하거나 거부하지 않는다는 의미다. 실수나 부족함을 향한 웃음은 교정만이 아니라 인간이란 존재 그리고 현재의 불완전성을 인정하고 받아들이게 만드는 기능도 있는 것이다.

웃음만큼 가슴을 활짝 열게 만드는 것이 없다. 웃으면 마음이 너그러워지고 넉넉해진 나머지 받아들이지 못할 일이 없다. 웃고 있으면 생각이 멈춘다. 웃으면서 동시에 무언가를 파악하고 분석해서 심판하고 비판하면서 거부할 수는 없다. 결국 웃는 사람이 승자가 되는 건 불만스럽고 절망적인 상황에 처해도 그것을 거부하지 않고, 웃음을 통해 불완전한 현재를 인정하고 받아들이기 때문이다. 힘든 상황을 이겨내고 부족한 부분을 개선할 힘은 그에 뒤따라 자연스레 일어나기 마련이다. 그래서 조조의 심각한 태도를 걱정하던 로지가 놀리듯 장난치면서 조조를 웃게 만들었고, 전쟁이 끝난 후 조조는 엄마 로지를 잃었음에도 웃으면서 춤출 수 있었을 것이다. 현재는 언제나 불완전하고, 그럼에도 그런 현재로 이루어진 삶을 긍정하며 부족한 자신과 상황을 개선해 나아갈 최고의 발판은 웃음이니까.

3장

자기중심은 자기중심성에서 벗어날 때 생긴다

*

개인은 자기만 우선시하는 인간인가?

행복한 남자

행운을 실력으로 착각하게 만든 페르의 오만

*

이해하고 용서할 때 진정한 자기가 될 수 있다

나는 오랫동안 엄마의 사랑을 의심하며 원망했다. 엄마가 내게 어릴 때부터 스스로 결정하고 그에 대해 책임질 기회를 갖게 했다면, 지금의 나는 좀 더 자신감 있고 능력 있는 사람이 되지 않았을까? 엄마는 당신이 먼저 경험해봤다는 이유로 어린 시절 내 결정을 대신 하려고 했다. 어릴 때 나는 고분고분 따랐지만, 자아가 생기기 시작한 10대 이후엔 격렬히 반발하고 저항했다. 엄마도 물러서지 않았다. 시험 답안지를 건네주듯 어떤 게 좋은 선택인지 알려주는 엄마를 따르지 않으려 하는 나를 이해하지 못했다. 엄마는 베란다에서 싱싱하게 자라는 화초를 가리키며 하라는 대로

만 하면 이렇게 잘 자랄 수 있는데 왜 그렇게 말을 듣지 않느냐고 한탄했다. 나는 엄마 사랑은 이기심일 뿐 나를 위한 진정한 사랑이 아니라고 생각했다. 나는 엄마 사랑을 억압이라고만 느꼈고, 엄마에게서 벗어날 날을 기다렸다.

1880년대 덴마크 어느 시골 청년 페르 역시 하루빨리 아버지에게서 벗어날 날이 오기를 기다리고 있다. 목사로서 지나치게 엄격하고 융통성 없는 아버지를 권위주의적이고 독단적이라고 여겼기 때문이다. 그런 페르에게 고급기술대학 합격통지서는 자신을 이 고루한 촌구석에서 자유와 가능성으로 가득한 도시로 데려다줄 유일한 희망이다. 하지만, 역시나 아버지는 페르의 명문대학 입학을 '지옥으로 가는 길'이라며, 모진 마음을 누르고 완강한 고집을 꺾으라고 경고한다. 페르에게는 저주로밖에 들리지 않는 조언을 뒤로 한 채 아버지를 떠나는 페르. 그가 아버지에게 남긴 것은 증오를 토해내는 듯한 야멸찬 쏘아붙임뿐이었다.

행운은 바보 편이고, 성공은 후회의 아버지

혈혈단신 도시 생활을 시작한 페르는 명석한 두뇌와 열정 그리고 확신에 찬 야심으로 실력을 인정받는다. 사랑하는 여인 야코베 살로몬의 마음도 끝내 얻어내 약혼하는 등 가난과 권위주의적 사회 분위기에 따른 여러 제약을 극복하면서 어떻게든 뜻한 바를 이뤄나간다. 하지만 결정적 순간에 일이 틀어진다. 페르 스스로 자기 발목에 걸려 넘어진 탓이다. 자기 아이디어를 상용화하기로 한 상황에서 자신을 무시하던 사람의 관리를 받으며 일할 수 없다고 고집을 피우다가 프로젝트가 무산되고 만다. 야코베의 아버지는 페르의 즉흥적이고 경솔하며 예의 없는 태도를 꾸짖고, 페르에게 그 모습은 어린 시절 권위적이고 억압적이었던 자기 아버지의 그림자처럼 보여 솟구치는 반발심을 견디지 못한다. 그리고 끝내 야코베와의 결혼을 취소해버린다. 진실한 사랑과 후원을 자기 발로 걷어차 버린 것이다.

야코베와 파혼한 페르를 기다리고 있는 건 무섭도록 차가운 현실이었다. 애써 노력해서 자기 실력으로 이루었다고 믿었던 성과들이 그저 행운이었다는 사실이 점차 드러난다. 남달리 강한 의지로 최선을 다해 노력하고 출중한 실력도 갖추었지만, 그것이 성과로 이어질 수 있었던 결정적 계기는 언제나 주변 사람 도움 덕이었다. 그리고 그런 사람들을 만난 것은 순전히 행운이었다. 자신에게 호감을 가진 첫 여자를 만난 일, 그 여자가 찢어지게 가난했던 그에게 돈을 빌려주었고, 그것을 바탕으로 거물 투자자 야코베 살로몬을 만난 일, 야코베 살로몬의 남동생을 식당에서 우연히 발견해 부자이면서 자유롭고 개방적인 마인드를 가진 살로몬 가문의 지원을 받게 된 일까지.

심지어 야코베의 삼촌은 스스로 자기 발목에 걸려 넘어지지 않도록 조심하라고 충고도 해주었다. 그는 페르를 처음 만났을 때 경고한다. "행운은 바보 편이고, 성공은 후회의 아버지"라고! 어리석은 사람은 행운으로 인한 성공을 자기 실력 때문이라고 착각한다. 그 자만으로 결국 소중한 것을 잃고 후회한다. 명문대 입학으로 장밋빛 미래에 부풀어 있던 페르에게, 마치 그 끝을 훤히 꿰뚫어본 듯 그의 진로를 '지옥 길'이라고 했던 아버지의 충고야말로 가장 귀한 행운이었다. 페르가 너무나 듣기 싫어하며 격렬하게 반발했던 '모진 마음과 완강한 고집을 다스리라'는 경고는 그의 명석함과 열정을 익히 알고 있던 아버지의, 말로 다 담을 수 없는 깊은 애정과 더없는 사랑의 염려였다.

아버지 부정과 반항의 마음은 개인을 향한 출발

사춘기, 특히 10대 후반에 나는 가족에게 불만이 많았다. 그때 내 일기장을 보면, 온통 엄마 아빠 그리고 내가 너무나 귀여워하고 좋아하던 동생에 대한 불만이 한가득이다. 지금까지 친하게 지내는 절친들도 그랬다. 우린 방과 후 집에서 전화통을 붙잡고 가족에 대한 불만을 흉보듯 털어놓으면서 공감하고 웃으면서 더 가까워졌다. 엄마, 아빠 얘기가 특히 많았다. 지금 돌아보면 철없는 모습이지만, 프로이트에 의하면 이는 오히려 성장 과정의 일부라고 할 수 있다. 청(소)년기에 겪는 '아비 부정'이라는 현상으로, 프로이트의 '가족 로망스'라는 개념 가운데 하나이다.

유아기 아이에게 부모는 그 무엇과도 견줄 수 없이 완벽한 존재다. 전지전능하다고 여겼던 부모에 대한 인식이 청소년기에 들어서면서 변하기 시작한다. 머리가 커지고 스스로 판단할 수 있게 되면서 부모에게서 부족하고 실수하며 실패하는 현실적 인간의 한계를 목격하게 된다. 그때마다 사춘기 시절 내가 엄마 아빠를 비방했듯이 부모를 심판한다. 유아기에 갖고 있던 완벽하고 이상적인 부모상이 무너지는 것이다.

한때 이상적 모습으로 인식했던 부모 모습을 되찾기 위해 청소년기 인간은 지금 부모가 자신을 우연히 발견해 입양했을 뿐이고, 원래 자신은 신분이 높고 고귀한 집안의 숨겨진 자식이라고 상상하는 식으로 '상상의 아버지'를 만들어낸다. 이는 자기도 모르게 이루어지는 무의식 작용이다. 페르가 야코베 아버지를 따르면서 그의 가족과 적극적으로 교류하고, 사위로서 그녀 아버지의 (법적) 아들son-in-law이 되리라 기대한 모습도 이런 정신발달 과정으로 이해할 수 있다. 궁핍한 환경에서 종교적 엄격함과 권위적 복종을 강요하던 어릴 적 가정의 모습과 정반대로, 사회적 영향력을 지닌 부유층 가문이자 개방적이고 탈권위적인 분위기 속에서 지적인 토론까지 가능한 야코베 집은 페르가 꿈꾸던 이상적 가족의 모습이었다.

야코베와의 감정은 진실했지만, 결정적으로 그 집의 가장인 야코베의 아버지가 페르에겐 '상상의 아버지'로 손색없다는 점도 약혼의 중요한 이유였을 것이다. 만약 야코베에 대한 사랑이나 가문에 대한 야망 때문이기만 했다면, 그 마음이 흔들리기 시작한 계기가 야코베 아버지에게 들은 꾸지람이었을 리 없다. 집을 떠나기 전 아버지가 그랬듯, 야코베 아버지가 페르의 경솔하고 오만한 태도를 꾸짖자 페르가 품고 있던 '상상의 아버지'가 파괴되고 만 것이다.

오롯한 개인이 되는 건 그저 나이를 먹는다고 해서 되지 않는다. 누구나 성공하는 것도 아니다. 일종의 정신적 죽음과 다름없게 느껴질 정도로 두렵고 고통스러운 과정을 거쳐야 한다. 이 여정은 반드시 '아비 부정'이란 반발, 즉 부모에 대한 반항의 마음에서 시작한다.

사춘기 이후 자연스레 생기는 이 '반항의 마음'은 부모를 거역하면서 막무가내로 대드는 태도와 다르다. 경험이 적은 10대까지 인간은 부모라는 여과지를 통해서 세상과 삶을 접한다. 이때 부모가 전해주는 이야기는 결국 그들 자신의 경험에서 비롯된 사고나 태도, 해석과 감정이 스며든 세계일 수밖에 없다. 아무리 주의해도, 인간인 이상 주관을 완전히 배제한 채 사실만을 전달할 수는 없다. 그래서 부모가 자식에게 자기의 생각과 가치관을 강요하지 않도록 주의하는 것도 중요하지만, 청소년 자신도 순종적이기만 한 태도를 돌아볼 필요가 있다.

부모의 가치관이 스며든 세계를 그대로 받아들이면 그 삶은 온전한 자기 것이 될 수 없다. 부모의 아바타와 다름없는 공허한 인생이 될지도 모른다. 삶은 전달될 수 있는 게 아니라 각자의 체험으로 얻어지는 것이기 때문이다. 따라서 '과연 실제로 그러할까?' '그게 정말 옳은/그른 것일까?' '다른 측면이나 가능성도 있을 수 있지 않을까?' 하고 의문을 품는 마음 태도를 갖는 게 중요하다. 그것이 반항의 마음이다.

어른이 되어 홀로 서서 스스로 자기 삶을 일구려면 물리적으로나 정신적으로 부모에게서 벗어나야 한다. 부모 입장에서는 자식이 자라도 별 문제없이 계속 자신을 잘 따르기를 바라겠지만, 청소년기의 반항적 태도는 정신적으로 건강하다는 방증이다. 어린 시절 자기 보호막이었던 세계를 완강히 부인할수록 독립된 인간으로 성장할 가능성이 크다. 그러니 반항의 마음은 온전한 자기 자신이 되기 위한 출발인 것이다.

아버지를 용서하다

그러나 부모에 대해 언제까지고 반항적인 상태인 것도 위험한 건 마찬가지다. 어른으로 성장하지 못한 채 청(소)년기에 머무는 것이기 때문이다. '아비 부정' 다음 단계는 '상상의 아버지'가 이상향일 뿐 현실에 존재할 수 없다는 사실을 깨닫는 과정이다. 시간이 지나 어른 세계에 발을 내딛고 냉혹한 현실을 직접 부딪치면서 청년은 자기가 부정했던 아버지가 그 나름대로 얼마나 애쓰며 최선을 다했는지 깨닫는다. 이를 통해 '상상의 아버지'를 부정하고 현실의 아버지를 이해하고 그 삶을 존중하게 된다.

이 과정 역시 순탄하지 않다. 현실 세계를 제대로 경험해보지 못하거나 엄혹한 여러 상황을 직면하면서도 자기 생각이나 태도를 바꾸지 않고, 자기 생각대로 흘러가지 않는 현실을 받아들이지 못하면, 완벽한 존재인 '상상의 아버지'가 허구의 존재라는 사실을 깨닫지 못한다. 정신분석학자 자크 라캉은, 자라면서 미움으로 바뀌어야 할 '상상의 아버지'에 대한 태도가 존경과 선망으로 지속될 때 파괴적 결과를 피할 수 없다고 지적한다.[53]

---

53   자크 라캉의 『The Ethics of Psychoanalysis (Seminar 23)』, 『에크리』(2019, 새물결) 등에서 다뤄지는 핵심 개념으로서 "거울 단계", "아버지의 은유", "욕망과 결여"에 걸친 라캉 이론을 해석·요약함.

영화의 원제인 'A Fortunate Man'답게 페르는 이 지점에서도 운이 좋았다. 야코베 아버지의 꾸짖음으로 페르가 그리던 '상상의 아버지'가 파괴되었기 때문이다. 야코베와의 파혼으로 현실을 직면하고 아버지와 비슷한 처지에서 아이를 낳아 키우면서 페르는 아들에게서 어릴 적 자기 모습을, 그리고 자신에게서 어릴 적에 그토록 싫어했던 아버지의 모습을 발견한다. 그리고 서서히 한 인간으로서의 아버지를, 그리고 자신에 대한 아버지 사랑을 이해하기 시작한다. 엄격하고 무뚝뚝하며 독선적이었던 모습은 당신의 성격일 뿐 자식에 대한 사랑이 부족해서가 아니었음을, 아이들을 사랑하기에 더 엄격하게 대하게 된다는 사실을. 그렇게 아버지를 이해하고 받아들이는 과정은 페르가 스스로 외면했던 자기 자신을 자각하고 진짜 자기를 발견해가는 출발점이 된다.

아이가 없는 나는 엄마의 어릴 적 얘기를 듣고 한 인간으로서의 엄마를, 그리고 나에 대한 사랑을 어렴풋이나마 이해할 수 있었다. 삶의 경험이 나보다 많다는 이유로 엄마가 하라는 대로 하라면서 내 선택을 대신 하려 했던 엄마의 통제적 양육 방식은 엄마가 어린 시절 부모에게서 받고 싶었던 사랑이었다.

엄마는 늦둥이로 태어났다. 엄마의 아버지와 친할머니

는 엄격하고 무서웠다. 1950년대를 살았던 엄마의 엄마는 남편과 시어머니에게 꼼짝하지 못했다. 무서운 아버지와 힘없고 나이 많은 엄마는 어린 딸이 정서적으로 든든하게 의지할 만한 버팀목이 아니었다. 어린 내 엄마는 부모에게서 따뜻하고 안정적으로 보호받는 느낌이 늘 고팠다.

고등학교를 졸업하자 혈혈단신 서울에 올라온 엄마는 혼자 힘으로 삶을 일궜다. 여자로서 그 어린 나이에 혼자 서울 생활을 시작하며 얼마나 무서웠는지 모른다고 엄마는 회상했다. 방 한 칸 구할 돈도, 의지할 사람도 없이 일터 구석에서 혼자 밤을 보냈다. 그보다 더 외로웠던 건 무언가 선택하고 판단해야 할 때 부모와 상의조차 할 수 없는 처지였다. 엄마의 가족들은 시골에서만 살아서 서울 생활을 전혀 몰랐다. 내가 숨 막혀하며 엄마의 이기심으로 치부했던 자식들에 대한 통제는, 엄마 자신이 어린 시절 부모에게서 그토록 원했던 든든한 보호막 역할이었다.

동생에 대한 체벌도 그랬다. 어릴 때 고분고분하고 얌전했던 나와 달리 내 동생은 천방지축 장난꾸러기였다. 자식에게 든든한 우산이 되어주는 것이 좋은 부모라고 믿었던 엄마는 쉽게 통제되지 않는 동생을 그 우산 아래 두기 위해 매라는 강력한 수단을 사용했던 것이리라. 술과 노름으로 가사를 탕진해버린 자신의 오빠를 보면서 남자는 더 엄격하게 키워야 한다고 생각했는지도 모른다. 오늘날엔 과거와 달리 아이에 대한 체벌을 절대 금기시 하지만, 당시엔 선생님과 부모의 매질을 '사랑의 매'라고 여기기도 했다. 우리가 어릴 때의 엄마는 그저 사회적 통념 속에서 살아가는 한 명의 미숙한 젊은 어른이었던 것이다.

어린 시절 겪었던 엄마의 체벌을 오래도록 원망했던 동생은 자기 자식에 절대로 매를 들지 않는다. 유년 시절에 부모에게서 자신이 차별받았다고 느끼거나 충분한 교육 지원을 받지 못했다고 원망하는 사람들도 있다. 요즘 학업 방식이 바뀌고 진로 환경도 어려워지고 있지만, 아이 옆에 딱 붙어서 하나부터 열까지 일일이 지도하며 교육열을 불태우는 부모 가운데에는 그런 불만을 품고 자란 사람도 있을 것이다. 겉보기엔 자기 부모와 전혀 다른 태도 같지만, 커서 부모가 된 자신이 어릴 적 부모에게서 받고 싶었던 보살핌을 아이에게 쏟아낸다는 점에서 결국 다르지 않다. 자신에게는 부족하게 느껴져 서운하게 여겼던 부모의 사랑 또한 결국 그들이 어릴 적 받고 싶었던 사랑의 방식이었을 것이기 때문이다. 지금 내가 아이에게 쏟아붓는 이 사랑과 본질적으로 다르지 않은.

이런 식의 내리사랑은 자기 경험을 기준으로 행동하는 인간의 자연스러운 모습이고, 그래서 충분히 이해될 수 있다. 하지만 바람직하다고 할 수는 없다. 그런 사랑은 부모로 인해 생긴 자기 결핍을 채울 뿐 자식이 원하거나 필요로 하는 보살핌이 아니다. 자식이 진정 원하고 필요로 하는 걸 주기 위해서는 내가 좋다고 여기는 것, 그래서 내가 받고 싶었던 걸 주려는 욕구에서 벗어나야 한다. 그러려면 먼저 어린 시절에 생긴 자기 결핍이 채워져야 한다. 즉, 부모의 그림자에서 벗어나 스스로 자유로워져야 한다. 어린 시절 그토록 미워했던 아버지를 온전히 이해하고 받아들임으로써 비로소 아버지에게서 해방되어 온전한 자기 자신이 된 페르처럼.

가족, 특히 부모는 결국 있는 그대로의 내 온전함과 완전성을 깨닫게 하는 운명적 관계 아닐까? 페르처럼 부모가 내 이상에 부합하는 완벽한 인간일 수 없음을, 그리고 나 자신 또한 내 이상에 부합하는 완벽한 인간이 아님을 받아들일 때 우린 깨닫는다. 부모를 비롯해 환경 등 외부의 무엇으로 채워야 할 것 없이 '나'라는 인간은 태어날 때부터 이미 완전한 존재였고, 지금 이대로도 부족함 없이 온전하다는 사실을. 그러므로 부족한 것처럼 느껴졌던 부모의 사랑 또한, 그 방식이든 그 크기든 내게는 그것으로 충분했다는 사실을. 내 부모가 자기 부모에게서 받은 사랑보다 더 큰 사랑을 내게 주었고, 나 또한 내가 받은 것보다 더 깊은 사랑을 자식에게 줄 수 있는 건 오직 이 때문일 것이다.

나이트메어 앨리

자만심 때문에 운명의 굴레에 갇혀버린 스탠턴

✳

인간은 anybody이자 nobody

남편을 만나기 전, 아이 없이 부부끼리만 산다는 어느 이웃 아주머니를 보면서 나는 속으로 생각했다. '아이 없이 사는 결혼 생활이 가능한가? 무자녀 부부도 가족인가? 왜 저렇게 살까? 쯧……' 남편이 투병하기 전까지 나는 남편과 내가 무자녀 부부가 될 줄은 꿈에도 몰랐다. 그때 내가 본 아주머니 나이가 40대 후반인 지금 내 나이 즈음이었다.

결혼하고 나서 친구들이 시어머니에 대한 불만을 토로할 때, 나는 속으로 생각했다. '자기 남편 엄만데 왜 저렇게 얘기하지? 아무리 서운해도 자기 가족인데, 결국 자기 얼굴에 침 뱉기 아닌가?' 남편이 갑작스레 큰 수술을 하고 투병 생활을 하게 되자 나 역시 친구들에게 시어머니에 대한 서운함을 신랄하게 토로하는 사람이 되었다.

자기 가족만 챙기면서 본가 가족은 멀리하려는 사람들 얘기를 들으면서도 생각했다. '내 동생네는 달라.' 헌데 지금 나는 동생네와 멀어진 지 오래다.

자신은 주위 사람들과 다른 부류의 사람이라고 여겼던 스탠턴 칼라일이 결국 자신이 그토록 혐오하며 거부하던 사람 중에서도 최악의 경우로 전락하는 모습은 마치 나를 비춰주는 것 같았다.

잘난 스탠턴의 "I Never."

도시 근처 외딴곳을 떠도는 B급 유랑단에서 잡일이나 하던 스탠턴은 월등한 영리함과 재능으로 독심술 기술을 전수받아 뛰어난 실력을 갖춘다. 그리고 얼마 후 자신에게 독심술을 가르쳐준 피트 크럼빈의 비법서를 손에 넣게 되자 유랑단을 떠난다. 비천한 사람이 모여서 유치하고 조악한 쇼나 벌이는 남루한 유랑단은 애초부터 자신과 어울리지 않는다고 생각했다. 성공에 목말라하던 스탠턴은 피트의 탁월한 독심술 쇼에 자신의 존재감 있는 외모와 재능을 더하면, 상류층을 상대로 해서 큰 부를 이룰 수 있으리란 야망과 자신감으로 가득하다.

계획대로 상류층 관객이 가득한 고급 호텔에서 사람들을 단숨에 사로잡는 쇼를 하며 부와 명성을 쌓아가던 어느 날, 스탠턴의 독심술이 심령술로 둔갑해버리는 일이 생긴다. 쇼를 지켜보던 심리상담가 릴리스 리터가 스탠턴의 수법을 눈치채고 도발하자, 그 상황을 모면하려다 급기야 죽은 사람 영혼과 소통하는 쇼로 변질된 것이다. 릴리스의 콧대를 멋들어지게 누른 스탠턴은 그 일을 계기로 상류층 인사들의 내밀한 고민과 갈등을 알고 있는 릴리스와 손잡고, 한 거부를 심령술 쇼로 속여 큰돈을 벌 꾀를 낸다.

하지만 스탠턴을 기다리고 있는 건 처참한 나락이었다. 자신이 설계한 독심술 쇼에서는 자신에게 도전하는 릴리스를 제압할 수 있었지만, 릴리스의 고객을 상대로 한 심령술 쇼에서 스탠턴은 설계자가 아니라 결국 릴리스의 말(패)에 불과했다. 동업자라고 믿었던 릴리스의 함정에 빠진 스탠턴은 한순간 그동안 쌓은 모든 걸 잃고 빈털터리로 쫓기는 신세가 되고 만다. 그보다 더 비참한 일은 릴리스와 모략하는 동안 어느덧 중증 알코올중독자가 되어 술 한 모금을 얻기 위해서라면 무슨 짓이든 마다하지 않는 구제 불능이 된 것이다. 심지어 닭 모가지를 입으로 물어 죽이는 구경거리가 되어 미치광이로 취급되더라도!

음주는 스탠턴이 등장 처음부터 줄곧 "I never."라며 선

굿던 행동이었다. 유랑단에서도, 릴리스의 사무실에서도 술을 권유받을 때마다 자기는 '절대로' 술을 마시지 않는다면서 자신의 금주를 강조했다. 마치 '나는 술이나 마시는 당신 같은 부류의 사람이 아니야.'라는 듯이. 스탠턴이 술을 그토록 거부하는 이유는 아버지 때문이었다. 스탠턴의 아버지는 술독에 빠져 가족에게 무책임했던 무능한 남자였다. 어머니 역시 불량한 남자와 내연 관계를 맺는 신실하지 못한 사람이었지만, 스탠턴에게 그건 아버지가 남편 노릇 못한 탓일 뿐이었다. 그의 'I never'는 이때부터 시작된다. 폐가와 다름없어 보이는 집 마룻바닥 아래로 떨어뜨린 아버지 시신에 눈을 내리깔며 불씨를 툭 던지고는, 활활 타오르는 집을 뒤도 돌아보지 않고 떠나며 생각했을 것이다. 자신은 '절대로' 아버지처럼 되지 않을 거라고!

피트의 경고를 무시했던 이유도 같다. 피트는 심령술 쇼의 유혹을 조심하라고 일찌감치 스탠턴에게 일러주었다. 그러나 스탠턴에게 피트는 자신이 '절대로' 되지 않겠다던 아버지와 똑같은 사람이었다. 피트는 마음만 먹으면 큰 성공을 거머쥘 수 있는 기술과 방법을 알고 있는데도 관중에게 정직하고 진실하기 위해 남루한 쇼에 만족하며 술독에 빠져 지냈다. 스탠턴에게 그런 피트는 아버지처럼 어리석기 짝 없는 무능력자일 뿐이다. 그러니 피트의 엄중한 경고가 귀에 들어올 리 없었다.

유랑단에 처음 갔을 때, 미치광이를 보면서도 생각했을지 모른다. 'I never⋯⋯.' 구경꾼에게 둘러싸여 두 손으로 살아 있는 닭 모가지를 움켜쥐고 그걸 입안으로 집어넣어 이빨로 물어뜯는 미치광이가 미래의 자신이 될지도 모른다고는 꿈에도 생각지 못했을 것이다. 나는 저런 인간과 다른 사람이니까! 저런 일을 겪는 사람은 따로 있을 테니까!

열악한 자기 환경을 바꿀 능력이 충분히 있는데도, 스탠턴이 비참한 운명의 굴레에 갇힌 건 그 생각 때문이었는지도 모른다. 나는 저런 사람들과 다르다는, 그래서 나는 절대로 그렇게 되지 않을 거라는, "I never."

나도 그와 다르지 않다

친정 가족과 해외여행을 하던 중 공항에서 얼어붙은 적이 있다. 심장이 벌렁벌렁하고 얼굴이 화끈 달아올랐다.

우리는 한국행 비행기를 타기 위해 출국 수속을 기다리고 있었다. 출국하려는 사람이 많았고 공항 절차는 더뎠다. 한참 기다리다가 사람들이 줄을 서기 시작했다. 우리도 일행 가운데 일부가 재빠르게 움직여 자리를 잡았고 나머지도 곧장 뒤따라 섰다.

장기여행이라 짐이 많았고 장시간 비행이 예정되어 있

었다. 불현듯 기내에서 입을 옷을 트렁크에서 좀 더 꺼내야 할 것 같다는 생각이 들었다. 아직 내 뒤에 선 사람은 없었다. 나는 남편과 함께 얼른 대열에서 빠져나와 적당한 곳에서 트렁크를 열어 필요한 걸 꺼내고 돌아왔다. 그사이 우리 뒤로 줄이 길게 늘어서 있었다. 별생각 없이 나와 남편은 가족들이 줄 선 곳으로 가서 트렁크를 밀어 넣었다. 잠시 후, 뒤통수에서 비꼬는 소리가 들렸다. "어글리 코리안."

곁눈으로 보니 바로 뒤에 서 있던 일행이 눈빛을 주고받으며 우리를 비웃고 있었다. 나는 몸이 순식간에 얼어붙었다. 심장이 너무 뛰어서 몸을 움직일 수도, 말소리를 낼 수도 없었다. 못 들은 척하며 우리 가족과 이야기를 나눌지, 저 사람들이 우리를 욕한다고 가족에게 얘기해야 할지, 아니면 그들에게 자초지종을 해명해야 할지 머릿속이 어지러웠다.

지금 돌아보면, 내가 그때 얼른 그 사람들에게 양해를 구했다면 그들이 기꺼이 자리를 내주었을 지도 모른다는 생각이 든다. 우리 사정을 알게 되었는데도 일행과 떨어져 굳이 줄 끝으로 가야 한다며 야박하게 굴지는 않았을 것 같다. 그들 입장에선 아마도 우리가 그들 앞에 선 사람들과 일행일 수 있다는 생각을 미처 하지 못하고, 느닷없이 새치기하는 철면피로 보였던 게 아닐까?

그때 나는 면전에서 당한 모욕을 삭히느라 진땀 뺐지만,

아무렇지 않게 몰상식한 추태를 부리는 사람 취급받은 이 일은 다른 사람에 대한 내 시선과 태도를 변화시키는 계기가 되었다. 나는 타인에게 엄격한 편이었다. 뉴스 속의 부도덕하고 옳지 않은 행동은 물론이고, 일상에서 접하는 사소한 무례에도 눈살을 찌푸렸다. 누군가 아무 양해 없이 조금만 불편을 끼쳐도 다른 사람 배려할 줄 모르는 이기적인 사람이라고 여겼다. 줄 서 있는데 누군가 내 앞을 말없이 비집고 들어온다면 나 역시 그냥 있지 않았을 것이다.

자연히 내가 그런 사람이 되지 않으려고 나름대로 늘 주의했다. 그리고 운 좋게도 어디서 손가락질받은 적도 없었다. 다른 사람을 엄격하게 대할 수 있었던 건 그 때문이다. 나는 부도덕하거나 옳지 않은 행동을 하지 않거니와 어디서고 누구에게든 불편이나 해를 끼치지 않는, 상식적이고 교양 있는 사람이라는 자아상을 갖고 있다. 몰상식하고 무례하게 행동하는 사람은 나와 다른 차원에 따로 있는 것처럼 생각했다. 스탠턴이 자신은 술독에 빠져 재능을 썩히는 무능한 사람이 절대로 아니라는 자아상을 갖고 있었듯이.

공항에서 겪은 일은 그러한 나의 자아상에 커다란 상처를 냈다. 그 때문에 나는 부글거렸지만, 그 마음을 혼자 삭히느라 아무 조치도 취할 수 없었던 건 행운이었다. 내가 갖고 있던 자아상을 회복하지 못한 덕에 나는 악의가 없어도

'어글리 코리안'이 될 수 있다는 사실을 알게 되었다. 어떻게 저럴 수 있나, 왜 저러나 싶은 사람이 있어도 그 입장에서는 불가피한 사연이 있을 수 있고, 때마침 양해 구하는 걸 깜빡할 수도 있다. 그 사람이 반드시 교양 없고 이기적이거나 나빠서가 아니라 인간은 누구나 실수할 수 있고 부족하니까.

개인의 아이러니는 '나'의 독립성과 독특함을 발견할수록, 오히려 그 '나'가 특별할 것 없는 평범하고 보편적인 사람이라는 사실을 깨닫게 되는 데 있다. 나 자신에게서 독립적이고 특별한 요소를 알아보는 능력은 다른 사람에게도 발휘된다. 그로 인해 독립성과 개성, 독특함은 모든 사람이 제각기 가진 보편성이라는 사실을 발견하게 된다. 개개인 하나하나가 모두 저마다의 방식으로 특별하다면, 특별함은 더 이상 우열을 가리는 판단의 기준이 되지 않는다. 그렇게 모두가 제각기 특별하다면, 특별함은 더 이상 소수의 전유물이 아니라 인간의 보편적인 모습이 된다. 인간은 저마다 특별한 anybody이고 누구 하나 anybody 아닌 사람이 없기에 모두가 nobody인 것이다.[54]

---

54   여기서 anybody는 누구나 될 수 있는 불특정한 존재를 뜻하면서도, 동시에 가가이 인간을 개별적으로 가리키는 의미를 함께 지닌다. nobody는, 아무도 중요하지 않다는 의미가 아니라, 모두가 평등하게 특별하여 오히려 그 경계가 무의미해진 상태, 즉 개성의 보편성과 그러한 개성적 존재로서 인간의 평등성을 의미한다.

인간의 불완전성도 마찬가지다. 우리는 주변이나 매체에서 실수하고 잘못하는 사람들을 보며 그들이 마치 나와 다른 종류의 사람인 것처럼 규정하며 비난하곤 한다. 하지만 우리는 우연히 비슷한 상황에 처하기도 하고, 그럴 때 자신이 비난했던 사람과 다르지 않은 말이나 행동, 실수를 저지르는 자신을 마주하기도 한다. 나도 그와 다르지 않다는 사실을 경험하고 나면 더 이상 다른 사람을 함부로 판단하지 않게 된다. 자기 자신과 타인의 부족, 즉 인간의 불완전성을 이해하고 수용하면 자연히 겸손해지고 타인에게 관대해지기 마련이다.

개인의 겸손은 평등의 감각에서 나온다

유재석은 자신이 독보적 MC라는 걸 인정한다. 누군가 유재석을 부러워하거나 높이 평가할 때 그의 말을 부정하지 않는다. "사실이니까"라며 장난스럽게 반응하기도 하지만, 그런 군말을 덧붙이지 않아도 자기 뛰어남을 담담히 인정하는 모습이 거만해 보이지 않는다. 솔직한 태도가 오히려 신선하게 보인다. 흔히 누군가 자신을 좋게 평가하면 그렇지 않다고 부정하는 경우가 많다. 따지고 보면 상대방의 평가와 의견을 존중하지 않는 태도인데, 한국 문화에서는 그런 손사래를 겸손의 미덕으로 여긴다.

겸손이 칭찬이나 찬사 또는 선망을 받을 때 '아닙니다'하면서 그저 손사래나 치는 것이라면, 세상에 겸손하기 만큼 쉬운 일이 또 있을까? 또, 정말 겸손이 그런 태도에 지나지 않다면, 겸손은 오직 괄목할 만한 성과를 내거나 성공한 사람, 한 마디로 잘난 사람만 취할 수 있는 태도라는 얘기가 된다. 베르그송은 말한다. "수줍어서 어쩔 줄 몰라하는 것"은 겸손이 아니며, "수줍음은 흔히 생각하는 것보다 훨씬 더 오만에 가깝다"고.[55]

다른 사람의 칭찬이나 찬사에 대한 손사래가 겸손이 될 수 없는 까닭은 자아상에 대한 마지노선 때문이다. 뛰어나다는 다른 사람의 평가를 부정하고 거부하면서 대개 이렇게 말한다. '아니에요. 저는 그저 평범합니다.' 이런 인사말에는, 자기를 낮출 수 있는 최대치는 평범한 수준이라는 전제가 숨어 있다. 그러니 이미 평범한 사람은 더 이상 겸손할 수 없다. 정말 자신을 평범하다 생각해서 한 말일 수 있지만, 칭찬에 손사래 치며 '저는 그냥 평범하다'고 답하는 순간, 그 자체가 (본의 아니게) 평범함을 내려다보며 스스로 잘난 사람이라고 말하는 꼴이 되고 만다. 따라서 진정한 겸손은 바로 그 '평범'이라는 자아상의 마지노선을 낮

55   앙리 베르그송, 『웃음: 희극성의 의미에 관하여』 문학과지성사, 2021, p.176

출 때 가능하다.

"참된 겸손은 다른 사람이 실수하는 장면을 보고 자기 또한 잘못된 방향으로 빗나가지 않을까 하는 두려움에서 생긴다."[56] 자신과 타인의 개성을 존중하고 한편으로 인간으로서의 한계를 받아들일 줄 아는 '개인'의 겸손은 자신을 평범한 수준으로 낮추는 게 아니라, 뛰어나든 평범하든 인간은 누구나, 그리고 나 역시, 손가락질받는 저 사람처럼 실수하고 잘못할 수 있다는 마음가짐이다. 유튜브 채널 피식대학의 「나락 퀴즈쇼」 코너처럼 누구나 한순간에 나락으로 갈 수 있다는 가능성을 염두에 두는 태도다.

고등학생 때 나는 담배 피우는 게 멋있다고 생각했다. 한 번쯤 피워보고 싶었지만 성격이 소심해 그럴 깜냥이 되지 못했고, 그럴 만한 환경도 아니었다. 내가 담배를 피우지 않은 건 그 덕이었다. 만약 내 성향이 겁 없이 저지르고 보는 스타일이고 흡연하기 쉬운 분위기였다면 담배를 피우지 않았을까? 돌아보면 선을 넘느냐 넘지 않느냐는 그저 한 끗 차이지 내가 대단히 도덕적이거나 올바른 사람이어서가 아니다.

간혹 참혹한 소식을 접하면 생각한다. 내가 만약 그 사건

---

56   앙리 베르그송, 『웃음: 희극성의 의미에 관하여』, 문학과지성사, 2021, p.176

속 인물과 비슷한 삶을 살았다면, 피해자만이 아니라 가해자와도 비슷한 행동을 했을 수도 있지 않을까? 나는 그저 운이 좋았다. 유복한 가정에서 태어나 특별히 과격한 환경에 노출되지 않은 채 자랐다. 딱히 나쁜 짓을 할 필요도, 유혹도 없었다. 하지만 내 부모나 환경이 그들과 별반 다르지 않았다면 과연 나는 그들과 달랐을 거라고 당당히 말할 수 있었을까? 장담할 수 없다.

1991년에 방영됐던 MBC 드라마「여명의 눈동자」몇 장면을 우연히 다시 보았다. 공산당 활동가 최대치가 미군 장하림에게 연인 윤여옥을 돌봐달라 부탁하며 하는 말이 새삼 인상적이었다.

"그때 (도망친) 나를 구해준 사람이 미군이었다면, 지금 당신이 있는 그 자리에 내가 서 있었을 거야."

최대치가 빨치산이 된 건 환경적 우연일 뿐 그가 미군과 인연이 되었다면, 제주도에서 사람들에게 총을 쏘지도, 도망 다니지도, 연인을 그토록 고생시키지도 않았을 것이다. 극단적인 시대 상황이긴 하지만 인간이라는 존재의 삶에는 우연의 영향이 결코 적지 않다.

부자가 되거나 성공하는 요인의 70% 이상이 운이라면, 마찬가지로 내가 그럭저럭 착한 사람 축에 끼어 범죄를 저지르지 않고 살 수 있는 것 역시 70% 이상이 운 덕이라고 생각한다. 그렇다면, 실수나 잘못을 비난할지언정 그 사람 자체까지 부정하기는 어렵다. 누구나 잘못할 수 있으니까 불의를 대충 넘기자는 게 아니다. 죄를 지은 행위에는 엄격하게 책임을 묻되, 그 행위자를 죄와 동일시하며 낙인찍고 개선 가능성을 차단하지 않아야 한다는 것이다.

인간으로서의 기본 권리를 최초로 법제화한 영국의 권리장전에는 배심에 의해 재판받을 권리와, 지나친 보석금/벌금 및 잔인하고 비정상적 처벌 선고를 금지하는 내용이 있다.[57] 이런 내용을 포함한 배경에 바로 이 행위(죄)와 행위자(사람)를 구분하는 인간관이 있다. 오늘날 정치·사회적 개념인 인권은 '나도 (부족해 보이는) 그와 다르지 않다'는 시각과 연관 깊다. 근대의 인간으로서 개인의 겸손은, 조선의 양반이 그랬던 것처럼 그저 칭찬에 손사래 치는 게 아니다. 나라면 절대 하지 않을 법한 행동을 했어도 본질 차원에서 그를 나와 다름없는 인간으로 볼 줄 아는 태도다.

---

57   모리스 크랜스턴, 『자유와 인권』, 문예출판사, 2014, p.217

파비안느에 관한 진실

딸 입장과 엄마 입장

✳

상대 입장에서 생각할 수 있을 때 자기중심이 생긴다

나는 엄마가 나에게 간섭할 때 많이 대들었다. 엄마가 아빠나 동생에게 지나치게 화내는 것처럼 보일 때도 끼어들어 대들곤 했다. 자연히 엄마의 화살은 나를 향했고, 때로 우리는 서로 어떻게든 이기려고 날 선 말을 주고받았다. 뤼미르와 파비안느도 비슷하다.

전설적인 여배우인 파비안느의 회고록 출간을 축하하기 위해 오랜만에 모인 가족. 그러나 이 자리에서도 엄마 파비안느와 딸 뤼미르는 날선 말을 주고받는다. 뤼미르는 원래 엄마 친구 사라가 받았어야 할 세자르 상을 엄마가 빼앗았다며 모질게 말하고, 파비안느 또한 지지 않고 빈정거린다.

딸과 엄마가 서로 상처주려고 안달 난 듯 다투는 모습은 나와 내 엄마 모습 그대로였다. 나는 엄마의 사랑을 이기심이라고 의심했고, 뤼미르 역시 엄마 파비안느가 자신의 연기만 우선하며 이기적으로 행동하고 매사 연기하듯 가족과 가까운 사람에게 진실하지 않다고 생각한다.

뤼미르가 원하는 사랑과 파비안느가 줄 수 있는 사랑

친정에 도착하자마자 마치 진실을 알고 있는 유일한 증인인 양 파비안느의 회고록을 뒤져보더니 뤼미르가 말한다.

"엄마, 이 책에는 진실이라고는 없네요!"

책 마지막 장을 덮고 던진 한 마디다. 특히 등교하는 어린 딸 뒷모습을 학교 정문 앞에서 바라보면서 파비안느가 느꼈던 감정이 완전히 거짓이라고 단언한다. 그 회고록에 거짓은 없다고 파비안느가 항변해도 뤼미르는, 엄마는 못 말리겠다는 듯 고개를 절레절레 흔든다.

뤼미르는 어릴 적 바쁜 엄마 대신 그녀의 동료 배우 사라의 보살핌을 받으며 자랐다. 뤼미르는 엄마가 사라를 무심하게 대했다고 불만을 토로하지만, 파비안느는 그게 자신에 대한 원망임을 알고 있다. 한편, 노년이 된 파비안느는 더 이상 배우로 활동하지 못할 날이 다가오는 게 두려운 상황이다. 기억력도 예전 같지 않아 누군가 녹음해주지 않으면 대사를 외울 수조차 없다. 이를 알 리 없는 딸 뤼미르는, 엄마가 노년이 된 지금까지도 다른 사람을 인정하고 배려할 줄 모른다며 진저리를 낸다.

그래도 나이 듦이 파비안느에게 상실의 불안과 슬픔만 안겨주는 건 아니다. 노화라는 피할 수 없는 상황에 부딪치며 더 이상 젊은 시절처럼 마음먹은 대로 되지 않는 자신을 마주하게 되자 파비안느는 완전하지 않은 한 인간으로서의 자신을 조금씩 자각한다. 동시에 오랫동안 외면했던 딸의 마음에도 비로소 눈을 돌린다. 뤼미르 또한 엄마와 함께 지내면서 조금씩 마음의 문을 열고, 마침내 엄마로서 파비안느가 오랫동안 숨겨왔던 진실을 마주한다. 바로 어른이 된 뤼미르에게 커다란 서운함으로 남아 있는 사건과 관련한 사실이다.

어릴 적 자신이 무대에 올랐던 「오즈의 마법사」 공연에 파비안느가 오지 않은 일이 있었다. 파비안느는 사실 그 공연을 보러 갔었다고 말한다. 하지만 네가 네 연기에 대해서 물어볼까 봐 가지 않은 척했던 것이라고 고백한다. 거짓말 못 하는 성격이니 질문을 받으면 솔직히 말하게 될 텐데, 네 연기가 형편없었다고 말하는 건 어린 네게 너무 가혹할 테니까,라면서. 지금껏 추측했던 것과 전혀 다른 신실, 한 번도 짐작하지 못했던 사정에 뤼미르는 깜짝 놀란다. 파비안느는 한 가지 진실을 더 털어놓는다.

"(내가 맡았던 역 중에서) 마녀 역할 생각나니? 그 역을 맡은 건 널 위해서였어. 사라가 그 책을 네게 읽어줬잖니? 그래서 그 작품이 꼭 하고 싶었어. 내 딸을 훔쳐간 사라가 샘났거든. 배역도 아니고 내 딸을⋯⋯."

어린 뤼미르는 파비안느가 자기 공연에 와 주는 게 사랑이라 생각했다. 파비안느는 자신의 솔직하고 직선적인 성격을 잘 알고 있었고, 따라서 딸이 원하는 사랑은 자기 깜냥 밖의 일이었다. 그런 상황에서는 차라리 자기에게서 어린 딸을 떼어 놓는 게 냉정한 엄마가 줄 수 있는 사랑이었다. 엄마가 공연에 오지 않은 기억은 단순한 불만에 그칠 테지만, 어린 시절 신처럼 여겨지던 엄마, 더구나 유명 배우이던 엄마를 자랑스러워하며 따랐던 아이에게 엄마의 직언은 평생 상처가 될 테니까.

파비안느는 냉정한 사람이지만 딸이 생각하듯 무심한 사람은 아니었다. 그저 배우로서 연기에 진심이었을 뿐이다. 그런 파비안느에게 감정과 마음은 언제나 연기를 통해 표현되었고, 연기와 분리되지 않았다. 사랑도, 질투도. 뤼미르 역시 자각하지 못했을 뿐 그런 엄마의 연기를 누구보다 좋아하고 응원했다. 그렇기에 촬영 중이던 영화 장면을 훌륭히 마무리한 파비안느의 연기가 끝내 서로의 마음을 열게 한 것이리라. 스스로에 대한 만족감과 뤼미르의 감동이 공명한 지점이 파비안느의 연기 열정이었던 것이다.

그건 사랑이 아니지만, 그럼에도 나는 사랑받고 있었다

언젠가 내 홈 트레이닝복을 가지고 엄마와 크게 다툰 적이 있다. 엄마는 옷이 너무 낡았다고 못마땅해하면서 입지 말라고 했다. 기혼자가 된 후 옷이나 외모에 대한 관심이 사라진 나와 달리 엄마는 여전히 외모를 의식했다. 난 그걸 알지만, 그 옷을 입으면 몸에 착 감기는 편안함을 아직 떨치고 싶지 않았다. 집에서도 입고 싶은 옷을 편하게 입지 못하게 하니 반발심이 일었다. 처음엔 가볍게 대꾸하던 태도가 점점 신경전으로 발전했다. 나는 일부러, 내 외모에 대해 한마디도 지적하지 않는 시어머니에게서 더 사랑받는 느낌이라고까지 말했다. 엄마도 지지 않고 반박했다. 우린 결국 냉랭한 분위기로 헤어졌다. 집에 돌아와서 나는 엄마에 대한 원망과, 또 한편으론 죄책감으로 힘든 시간을 보냈다.

　나는 다른 사람 시선을 그다지 개의치 않는 편이다. 반면, 엄마에게는 혹여 누구라도 옷 때문에 당신 딸을 낮춰보는 건 견딜 수 없는 일이다. 하지만 대부분 사람은 타인에게 별 관심이 없다. 내가 뭘 입고 뭘 하는지 사람들이 오래 기억하고 인상을 가질 것 같지만 그렇지 않다. 나부터가 다른 사람의 옷차림이나 단편적인 행동을 기억해서 인상을 형성한 일이 얼마나 있었는지 떠올려보면 알 수 있다. 인간은 저마다 자기 생각을 하느라 다른 사람에게 딱히 관심 갖지 못한다. 또, 누군가 옷으로 나를 판단한다면 그건 그 사람이 옷으로 타인을 판단하는 수준이란 걸 드러낼 뿐이다. 하지만 엄마에게는 내 설명이 들리지 않았다. 답답했다.

영화처럼 나를 중심으로 일련의 사건이 일어나 자연스럽게 궁금증이 해소되면 얼마나 좋을까? 하지만 현실은 영화가 아니다. 엄마가 왜 그토록 사람들 시선을 의식하는지, 왜 그토록 외모를 중요하게 여기는지, 파비안느가 뤼미르에게 했던 것처럼 엄마가 내게 고백하는 일은 좀처럼 생기지 않는다.

훗날 나는 가능한 한 내 입장을 내려놓고 엄마의 마음으로 이 문제를 바라보려 애씀으로써 나름대로 갈등을 풀 수 있었다. 수개월 후, 화초 관리를 어떻게 해야 하는지 엄마에게 물었을 때였다.

"더워서 힘들어해도 물 많이 주지 마. 화초가 힘든 환경을 스스로 이겨내야 돼."

엄마가 키우는 베란다 화초처럼, 엄마는 당신이 돌보고자 하는 방식대로 내가 군말 없이 따르기를 바랐다. 나는 자식을 온실 속 화초처럼 대하는 사랑은 엄마 욕구를 충족하려는 이기심에 지나지 않다고 여겼다. 그런 내게 엄마가 던진 말은 평소의 내 생각에 균열을 일으켰다. 물을 많이 주면 화초가 덜 힘들어할 걸 알면서도 일부러 물을 주지 말라니! 결핍을 이겨낼 힘을 스스로 키우도록 엄마가 옆에서 지켜보기만 할 줄도 아는 사람이었단 말인가? 그동안 내가 추측하며 넘겨짚은 엄마의 모습이 전부가 아닐 수 있다는 생각이 들었다. 미처 알지 못했던 엄마 모습을 엿보게 되면서 나는 지금의 엄마가 어떤 시간을 지나왔을지 진지하게 생각해보게 되었다.

엄하고 무서운 할머니와 아버지 슬하에서 엄마는 부모 사랑이라는 게 뭔지도 모른 채 자랐다. 지금과 비교하면 말도 안 되게 삭막한 유교 권위주의 환경이었다. 공부할 수 있도록 부모의 지원을 받기는커녕 눈 뜨고도 코 베인다는 서울에 홀로 상경해서 취직했고, 선녀와 나무꾼처럼 어쩌다 결혼해 아이를 낳아 키우면서 자기만족이라고는 외적 성취와 자식을 통해서만 얻을 수 있던 삶이었다. 그게 자기 책임을 다하는 것이라고 믿었다. 내가 외적인 모습과 상관없이 나를 온전하고 괜찮은 사람으로 인정해줄 때 사랑받는다고 느끼는 것, 조건이나 성취와 무관하게 내적·정서적 지지와 응원을 중요시하는 것, 신뢰를 올바른 사랑이라고 여기게 된 것은 전적으로 엄마의 그런 헌신적이고 풍족한 지원을 받으며 자란 덕이다. 반면 결핍 속에서 자란 엄마는 물리적 편안함과 안락함을 누릴 수 있는 환경에 우선 가치를 둔다. 근사한 외모는 그것을 증명하는 결과다. 엄마가 사랑하는 방식은 충분한 외적 지원이다. 그런 부모가 좋은 부모라고 생각하는 것이다.

내 바람을 접어두고 가능한 한 엄마 입장이 되어 보려 하니, 엄마는 당신 부모에게서 받은 사랑보다 내게 훨씬 큰 사랑을 주었다는 사실이 보였다. 다만 내가 원하던 방식이 아니었을 뿐이다. 내 세대가 상상할 수 없는 엄하고 권위주의적인 분위기에서, 이렇다 할 부모의 방패막을 가져보지 못했던 경험 안에서, 엄마는 자신이 알고 있고 할 수 있는 사랑의 최대치를 자식에게 준 것이다.

기독교 심리학자이자 상담가인 게리 채프먼은 사랑에도 각자만의 언어가 있다고 말한다. 중국어밖에 할 줄 모르는 사람과 영어만 할 줄 아는 사람의 의사소통은 매우 힘들다. 아무리 호감을 가진 사이라 해도 사소한 일로 자칫 심각한 오해가 생길 수 있다. 채프먼은 "진실한 것만으로 부족하다. 사랑을 상대방에게 효과적으로 전달하기 위해 우리는 그가 사용하는 사랑의 언어를 기꺼이 배워야만 한다"[58]

---

58   게리 채프먼, 『5가지 사랑의 언어』 생명의말씀사, 2010, p.23

고 강조한다. 그가 의미하는 사랑은 주로 배우자와의 소통이지만, 상대방의 사랑 언어를 이해하는 일은 부부에만 적용되지 않는다. 부모 자식부터 형제, 친구, 상사와 동료·후배 등 필요치 않은 사이가 없다. 사랑의 언어란 곧 자신이 사랑을 확인하고 표현하는 방식에 다름 아니기 때문이다.

상대방의 방식을 인정하고 받아들인다는 건

투철한 직업정신으로 자신의 가장 사적이고 내밀한 감정마저 연기로 풀어내는 것이 파비안느의 사랑 언어다. 그걸 알게 된 뤼미르는 이제 엄마에 대한 마음을 자기 딸(파비안느 손녀)의 연기 연출을 통해 성공적으로 전달한다. 그처럼 상대방의 사랑 방식을 알면 내 마음을 효과적으로 표현할 수 있다. 또 내가 사랑을 확인하고 표현하는 방식을 상대방에게 알려주고 그가 새로운 방식을 연습할 수 있게 도울 수 있다.

그런데, 그렇게 해도 때로는 내가 원하는 사랑을 받지 못할 수 있다. 내가 원하는 게 딸기인 걸 상대방이 알더라도 그가 줄 수 있는 건 사과뿐일 수 있기 때문이다. 때로는 나의 사랑 언어를 익히는 일이 상대에게 벅찰 수 있다. 어리석은 선택일지라도 내가 스스로 결정하고 잭임실 수 있도록 지켜보고 응원해달라고, 내가 엄마에게 원하는 사랑은 그런 방식이라고 외쳐도, 어른의 든든한 지원과 보호를 갈망하며 자란 엄마로서는 그 말을 좀처럼 이해하기 어려웠던 것처럼.

뤼미르는 파비안느가 사라에게 무심했다고 불만을 터트리지만, 그가 진정 원했던 건 사라가 아니라 어린 자신을 향한 엄마의 따뜻한 관심과 사랑을 확인하는 것이었다. 나또한 그저 내 마음대로 할 수 있게 엄마가 나를 놓아주길 바란 것이 아니었다. 내가 진정 원한 건 엄마가 나를 존중하고 믿고 있다는 신호였다. 그렇다면 내 사랑 언어(방식)만 고집할 필요는 없다.

상대방의 사랑 언어를 알고 이해하는 건, 내가 원하는 걸 밝혔는데도 그런 사랑을 받지 못할 때 더 유용하다. 내 욕구를 포기하고 상대방에게 내가 맞춤으로써 갈등을 일으키지 않아서가 아니라, 여전히 소중한 존재로서 나 자신을 발견할 수 있기 때문이다. 내 사랑 방식만 가치 있는 진실이라고 고집하지 않는다면, 비록 내가 원하는 사랑은 아닐지라도 나는 여전히 사랑받고 있음을 확인할 수 있다. 내방식이 아니라 그의 방식으로!

도스토예프스키는 "인간이 불행한 이유는 자기가 행복하다는 사실을 모르기 때문이다. 단지 그뿐이다."라고 말했다. 이 말은 이렇게 바꿔도 되지 않을까? '인간이 불행한

이유는 자기가 사랑받고 있다는 사실을 모르기 때문이다.'

다들 만족스럽게 마지막 촬영을 끝냈을 때, 파비안느는 더 잘 연기할 수 있을 것 같다며 다시 찍자고 고집한다. 이전의 뤼미르라면, 엄마가 또 다른 배우와 스텝을 배려하지 않고 자기 생각만 한다고 비난했을 것이다. 하지만 이제는 미소 지은 채 조용히 지켜본다. 뤼미르에게 엄마는 더 이상 이기적인 사람이 아니라 자기 일을 사랑하는 책임감 투철한 프로이기 때문이다. 엄마의 사랑 언어를 인정하고 받아들이자, 뤼미르는 더 이상 이기적이고 위선적인 사람의 딸이 아니라 자기 일에 프로페셔널한 사람의 딸이 된다.

내 엄마도 실은 내가 생각했던 것보다 훨씬 크고 깊은 사람이었다. 엄마의 사랑 언어를 이해하자, 나 역시 더 이상 이기심을 사랑으로 착각하는 독선적인 사람의 자녀가 아니라 힘든 상황에 처한 자식을 보며 두려워도 자식을 믿고 의연하게 지켜볼 줄 아는 강하고 성숙한 사람의 딸이 되었다.

내 언어만 고집하면서 상대방을 재단하고 내 틀에 가두지 않는다면, 나는 내가 미처 가늠하지 못했던 아름답고 찬란한 사람에게 둘러싸여 있을지도 모른다는 사실을 깨달을 수 있다. 사람을 이해하고, 그래서 그 자체로 볼 수 있는 힘을 갖는 선 그저 다양한 사람이 부대껴야 하는 인간 세상의 한계와 타협해야 해서가 아니다. 그것은 내 세상, 즉 내가 체험하는 우주를 넓히고 찬란하게 빛나게 하기 때문이다. 그런 세상 속에서 나란 존재는 존엄할 수밖에 없다.

자기중심을 갖는 일의 아이러니

결혼한 지 20년 가까이 되어가고 있지만, 시댁에 음식이나 반찬을 싸 들고 간 적이 한 손으로 꼽을 정도밖에 되지 않는다. 직장을 그만두고 수년이 흐르자 시댁에 갈 때마다 빈손으로 가는 게 민망해서 몇 번 내가 한 음식을 드린 적 있는데, 그걸로 끝이다. 더 이상 음식에 대해 그다지 신경 쓰지 않는다. 음식을 해가면 나는 어머니가 '어머, (힘들게) 뭘 이런 걸 해왔니?'라면서 흐뭇해하리라 기대했다. 웬걸, 시큰둥해하며 그다지 관심을 두지 않았다. 맛이 없는 건가 아니면 성에 차지 않는 건가 싶어서 다음번에 공을 두 배로 들였지만, 어머니 반응은 별반 다르지 않았다. 나는 어머니가 내게 관심 없고 나를 소홀히 여기기 때문이라고 생각했다. 서운하고, 시댁에 있는 게 불편했다.

지금은 시댁에 빈손으로 가도 개의치 않는다. 내 정성을 알아주지 않는 어머니에게 토라져서가 아니다. 어머니의 무덤덤한 반응이 당연하단 사실을 알았기 때문이다. 어머니가 내게 원하는 건 따로 있고, 그 바람을 평소에 종종 내비쳤다. 어머니는 아들만 둘이라 딸 가진 사람이 부럽다고 했다. 병원에서 당신 또래인 부부가 딸과 함께 진료받는 모습을 볼 때 특히 그렇다고 했다. 내가 어머니에게 점수 딸 방법은 음식을 해가는 게 아니라, 당신 부부가 좀 중요하고 힘든 검사나 치료를 받을 때 병원에 동행하는 것이다.

비록 돌려서 말했지만, 어머니는 자신의 방식대로 당신이 원하는 걸 얘기하고 있었다. 어머니에 대한 서운함과 불만, 시댁에서의 위축되고 불편한 마음은 그 시그널을 그저 푸념이겠거니 흘려들은 나 자신 때문이었다. 나는 어머니가 좋아할 행동부터 내게 품고 있을 마음까지 자의적으로 짐작하고 단정지었다.

이제는 홀가분해졌다. 음식을 또 해가더라도 그건 더 이상 전업주부 며느리로서의 부담감 때문이 아니다. 순전히 내가 하고 싶어서 하는 일이다. 어머니 반응이 시큰둥해도 서운해하거나 눈치를 보며 마음에 두지 않는다. 대신 병원에 동행해주길 바랄 때, 기꺼이 응하려 한다. 내가 원하는 건 어머니가 내 음식을 반가워하는 게 아니라 나를 흡족해하는 것이니까. 혹여 동행하지 못해 어머니가 내게 못마땅하다는 내색을 보이는 경우가 생겨도 크게 개의치 않을 수 있다. 서운하고 불만스러울 게 당연하기 때문이다. 어머니의 행동과 반응을 보면서 그 의도와 마음을 내 기대, 내 틀에 맞추어 해석하고 짐작하는 대신 그분 방식과 입장을 먼저 존중하고 이해하려고 하니, 오히려 내 의지대로 행동할 자유를 얻었다.

친구 사이도 마찬가지다. 가까웠던 두 사람이 오랜 세월 서로 모르는 척할 정도로 멀어진 경우가 있었다. 함께 활동하던 체육단 행사에 친구 A가 온 가족을 데리고 갔는데, 단장인 다른 친구 B가 그에게 뛸 기회를 주지 않았다. A는 가족 앞에서 창피를 당했다고 느꼈고, B가 일부러 자신을 곤혹스럽게 했다고 여기고 있었다.

사정을 알게 된 B는 기꺼이 사과했다. 그런데 그에게도 이유가 있었다. 당시 협회장이 경기에 출전했는데 사람들이 그에게 공을 패스하지 않으려는 분위기였다. 단장으로서 B는 그에게 공을 패스할 만한 회원을 중심으로 선발할 수밖에 없었다. 사정을 듣고 A는 즉각 수긍했다. 자기가 뛰었으면 그 협회장에게 절대로 패스하지 않았을 거라며 웃었다.

타인에 대한 원망과 오해는 자기중심적인 해석에서 생기기도 한다. A가 B의 행동을, 자신을 괴롭히려던 고의로 해석했듯이 원망과 오해는 때로 상대방이 마치 온통 자기에게만 관심을 두고, 자신을 중심으로 (더욱이 악의적으로) 행동하는 것처럼 여기는 자기중심적인 생각에서 기인하기도 한다. 그런 태도는 타인의 행동이 자기를 의식한 것이라고 여기는 자의식 과잉 상태와 다름없다.

내가 시어머니에게 그랬듯, 내가 성의를 보이면 상대방이 내 노력을 알아주고 호의를 표해야 한다는 기대 역시 자기중심적 사고방식의 발로다. 나에게 시큰둥하면 내게 악의를 갖고 있는 것 아닌가 의심하고 불쾌해하는 태도 역시 그러하다. 이런 상태에서는 내면의 중심을 갖기 어렵다. 상대방과 세상이 내 생각과 기대에 맞지 않을 때마다 실망과 불만, 원망으로 반응하며 마음이 여지없이 흔들리기 때문이다.

이런 자기 중심성에서 벗어나 내면의 균형을 회복하려면, '나'에 대한 과도한 집중에서 빠져나오는 것이 중요하다. 정신의학자 빅터 프랭클은 정신질환 치료에도 "자기 집중 증상이 발생하고 심화되는 것을 막"도록 하는 데 중점을 둔다. 그에 의하면, "지나친 주의 집중이 오히려 원하는 일을 불가능하게" 하기 때문이다. 가령, 성적 관계에 자꾸 실패하는 건 자신의 성적 매력을 인정받으려는 욕구 때문일 수 있다. 그러한 인정 욕구는 주의를 자신에게 과도하게 집중하게 만드는 과잉투사가 일어난다. 이를 해결하는 방법은 자기 자신을 잊고 주의 집중을 파트너인 상대방에게로 옮기는 역투사다.[59]

59   빅터 프랭클, 『죽음의 수용소에서』, 청아출판사, 2020

프랭클은 아내를 먼저 떠나보낸 상실감으로 괴로워하던 사람의 상담 사례도 이야기한다. 만약 그가 먼저 죽고 아내 혼자 살아남았다면 아내가 견디지 못했을 거란 걸 깨닫고 그 환자는 우울증을 극복할 수 있었다. 프랭클은 시련의 의미가 시련을 이겨내게 한다[60]고 부언하는 데 그치지만, 이 환자 역시 과잉투사와 역투사로 설명할 수 있다. 소중한 사람을 잃은 자기 자신에게 과도하게 집중되어 있는 주의와 관심을 상대방인 아내에게로 옮기자 오히려 살아갈 힘을 회복할 수 있게 된 것이다.

자기중심을 갖는 일도 이와 같다. 자신에게 지나치게 집중하면서 자기를 고집할수록 오히려 주변 사람, 환경, 상황에 흔들리기 쉽다. 아이러니하게도 타인의 입장과 상황을 이해할수록 내 의지대로 삶을 꾸려갈 힘이 커진다. 역투사의 핵심은 "환자가 자기 자신을 초월하는 데 있다"고 프랭클은 강조한다. 개인이 상대방의 입장을 이해하는 일에서도 마찬가지다. 집단주의 문화에서 강조하는 도덕적 배려가 아니라, 자기 자신에게서 한 발짝 떨어지는 자기 초월이다.

자기 자신을 내려놓는 경험을 통해 발견하는 실상이 있

---

60   같은 책, p.186~187

다. 인간은 각자 자기 자신과 생활에 집중하는 나머지 서로에게, 상대방에게 관심 둘 여력이 없다는 사실이다. 나도 나 사는 데 바빠서 다른 사람을 떠올리며 시간과 관심을 기울이기가 쉽지 않듯이. 이 사실은 우리를 한결 자유롭게 한다. 각자 자기 문제에 몰입하고 자기 삶을 우선하는 덕에 나는 나를 자유롭게 드러내며 내 중심을 찾을 수 있다. 자기중심을 갖는 일, 그리하여 개인이 되는 건 오히려 자기중심적 사고방식에서 벗어나야 가능한 것이다.

우리도 사랑일까

로맨틱한 긴장감에 머물러 있는 마고의 사랑

✳

중요한 건 사랑받는 게 아니라 사랑해주는 능력

친구가 남편에게 화나서 갑자기 나를 불러냈다. 둘이 외식하는데 남편이 핸드폰만 본다는 것이었다. 자기가 앞에 앉아 있는데 어떻게 핸드폰만 볼 수 있으며, 식사할 때도 어떻게 한 마디도 없을 수 있느냐며 남 보기 부끄러워했다. 결혼 20년이 훌쩍 넘은 터라 새삼스러운 일은 아니고, 쌓이고 쌓인 불만이 폭발한 사건이었다. 나는 불난 집에 부채질하듯 대꾸했다. 나라면 남편이 나보고 조용히 좀 있으라 하지만 않으면 감지덕지하겠다고.

친구는 펄쩍 뛰었지만 내 현실은 그랬다. 나는 남편과의 대화라는 걸 딱히 기대하지 않는다. 둘이 마주보면서 뭘 먹는 상황이 때로는 거북스럽기도 하다. 남편이 퇴근하면서 같이 한잔하자고 할 때도 별로 내키지 않는다. 집 소파에 나란히 앉아 TV를 마주하고 먹는 게 더 편하고 즐겁다. 긴장 없이 익숙하고 편안하기만 한 사이는 연인이 아니라고 여기는 사람이라면, 남편과 내가 왜 같이 사나 싶을 법도 하다. 마고도 그럴 것 같다.

성애는 형제애로 발전되어야 한다

결혼 5년 차인 마고는 언뜻 보기에 평범해도 완벽한 생활을 하고 있다. 그와 남편 둘 다 젊고 건강하며, 종종 시댁 일가족을 초대해 함께 파티를 즐길 정도로 다복하다. 경제적으로도 걱정이 없어 취미처럼 프리랜서 작가 일을 한다. 마고가 아쉬워하는 점 하나를 굳이 찾자면 남편과의 관계다. 다정하고 유머러스한 남편은 언제나 마고를 사랑으로 따뜻하게 대한다. 그런데도 둘은 어쩐지 자꾸 삐걱거린다.

불만을 드러내는 쪽은 언제나 마고다. 오랜 부부가 그렇듯이 근사한 식당에 가도 서로 할 말이 없어서 묵묵히 밥만 먹는다. 데면데면한 분위기를 풀려는 시도조차 하지 않고 당연하게 받아들이는 남편의 태도에 마고는 화가 난다. 무엇보다 서로 눈빛을 주고받다가 키스하는 로맨딕힌 분위기에서 뜬금없이 장난을 치거나 일 얘기를 꺼내며 설렘과 긴장의 분위기를 깨는 행동이 가장 불만스럽다. 마고는 자신에 대한 남편의 사랑이 빛바랬다고 느낀다.

그럴 때마다 마고의 시선은 우연히 만난 앞집 남자 대니얼을 향한다. 자신과 남편 사이에서는 자꾸 사그라지지만 그와 함께 있을 땐 활짝 피어나는 로맨틱한 설렘과 아찔한 긴장감. 대니얼의 존재는 남편에게서 받는 공허감을 채우고도 남는다. 결국 마고는 다정하고 편안하지만 그만큼 밋밋한 느낌을 주는 남편을 떠나 대니얼과 함께 지내기로 한다. 마고와 대니얼은 이제 마음 놓고 시작하는 연인 사이의 그 특별한 긴장과 설렘을 뜨겁고 폭발적으로 즐긴다. 마치 영원할 것처럼.

몇 년이 흐른 후, 마고의 생활 모습은 전 남편 루와 살 때와 똑같다. 함께 사는 파트너만 루에서 대니얼로 바뀌어 있을 뿐이다. 갓 피어난 꽃처럼 마고의 생기를 되찾아주던 로맨틱한 설렘과 긴장은 사라지고, 이제는 밋밋하고 느슨한 평온함만 남아 있다. 다시 찾아온 봄의 노곤한 햇살이, 온몸의 근육을 잔뜩 긴장하게 했던 겨울의 날카로움을 천천히 몰아내고, 눈 밑에 감춰졌던 황량한 흙을 드러내듯이. 마고는 과연 사랑에 성공할 수 있을까?

사랑을 철학적으로 탐구한 정신분석학자 에리히 프롬에 따르면, 마고와 대니얼 관계의 성공 여부는 성적 끌림에서 시작한 사랑이 우정으로 승화되는 변화를 두 사람이(특히 마고가) 얼마나 잘 받아들이느냐에 달려 있다. 연인 관계가 성적 끌림, 즉 성애性愛에서 시작했어도 그 관계를 지속시키는 건 "형제애"[61]이기 때문이다.

흔히 사랑을 "자발적이고 감정적인 반응의 결과이며 거역할 수 없는 감정에 갑자기 사로잡힌 결과로 생각"[62]한다. 그래서 특별한 능력이나 의지 같은 의식적 노력이 필요하지 않은, 자연스럽고 쉬운 일이라고 여긴다. 마고도 사랑을 성적으로 끌리는 감정 상태로 착각했다. 부부의 사랑이 단순한 성적 끌림에서 우정으로 발전하려는 순간마다 마고가 거부하며 실망한 건 사랑에 대한 이러한 오해 탓이다.

"장난이랑 키스 둘 중 하나만 해!" 키스하다가 장난치는 남편 루에게 마고는 정색하며 말한다. 키스는 성적 긴장감을 주는 성애의 표현이고, 장난은 형제나 친구처럼 익숙하고 편한 사이에 하는 친밀감의 행동이다. 장난과 키스를 자

---

61   에리히 프롬, 『사랑의 기술』 문예출판사 1994, p.58~59, p.66
      프롬은 형제애를 "사랑의 모든 형태의 바탕에 놓여 있는 가장 기본적인 사랑"
      으로서 "모든 인간에 대한 사랑"이라고 말한다. "사랑의 능력을 발달시켜 왔다면"
      육친의 형제에 대한 사랑은 타인에 대한 사랑으로 확장되기 마련이다. 사람들의
      표면적 차이점이 아니라 인간이라는 본질에 주목하면, 우리는 모두 형제와 같기
      때문이다. 즉 형제애는 인류애라고 할 수 있다. 따라서 프롬은 "성애가 동시에
      형제애가 아니라면, 이러한 (성적) 욕망은 도취적이며 일시적인 합일 이외의
      (고차원적) 합일에는 결코 도달하지 못한다"고 말한다.
62   같은 책, p.68

연스럽게 오가는 루의 사랑은 형제애로 진화하고 있는 반면, 성애와 형제애를 함께 품기 어려워하는 마고의 사랑은 성적 욕망과 긴장감에 머물러 있던 것이다.

프롬은 형제애가 결여된 성애는 "알코올 중독이나 마약 중독과 별로 다르지 않은 기능"[63]을 갖는다고 지적한다. 그런 사랑은 유쾌한 강렬함을 경험하게 하는 성적 욕망에 지나지 않아 잠깐의 만족을 줄 뿐이다. 알코올 중독에서 벗어나지 못하는 루의 누나가 대니얼에게 가버린 마고에게 "너나 나나 다를 바 없다"고 쏘아붙이는 건 이런 의미이리라.

관건은 사랑의 대상이 아니라 사랑하는 능력

한번은 남편에게 문득 푸념하듯 말했다.

"나는 내가 참고 살아야 한다고 생각하면서 살고 있어. 내가 더 좋아하니까. 더 좋아하는 사람이 참고 살아야지 어쩌겠어?"

남편은 깜짝 놀라며 억울한 듯 반박했다.

"참 나. 무슨 소리야? 참고 사는 건 나지! 내가 얼마나 참으면서 사는 줄 알아?"

내 입가에 미소가 드리워지지 않을 수 없었다.

---

63   같은 책, p.19

"당신이 더 참고 산다고? 그럼 당신이 나를 더 좋아한다는 거야? 그렇지 않으면 참고 살 이유가 없잖아. 뭐가 아쉬워서 좋아하지도 않는 사람이랑 참고 살아? 지금 나를 많이 좋아한다고 은근슬쩍 고백하는 거야?"

많은 부부가 참고 사는 걸 손해 보고 사는 것으로 인식한다. 그래서 상대방에게 고마운 줄 알라며 보상을 바란다. 하지만 참고 산다는 건 사실 매우 능동적인 태도이다. 오늘날은 전근대 시대처럼 집안 끼리 맺은 계약의 구속이 없고, 근대 시대 초기처럼 성별에 따른 사회적 제약이나 편부모에 대한 차별적 시선도 적다. 그런 환경에서는 손해를 감내하며 함께 살아야 할 합당한 이유가 없다.

참고 사는 건 굳이 그렇게까지 하면서 그와 함께 사는 게 내게 더 이득이라는 의미다. 내 경우는 남편을 좋아하기 때문이다. 좋아하는 사람과 함께하는 생활은 기꺼이 나보다 그를 우선하려고 노력하려는 자세 없이는 불가능하다. 따라서 더 참고 사는 사람은 상대방을 더 좋아할 가능성이 크고, 함께 사는 파트너를 더 좋아할수록 삶의 만족도와 행복감이 커진다. 참고 사는 건 나를 위한 선택이지 상대방을 위한 게 아니다.

물론 참고 사는 게 이득이라 해도 쉬운 일은 아니다. '참는다'는 표현이 함축하듯, 살다 보면, 아무리 좋아하는 사람이라 해도 실망스럽거나 견디기 힘든 상황을 피할 수 없다. 하지만 역설적으로, 좋아하는 사람과 살기 위해 인내하고 노력하는 과정이 오히려 그 마음을 지속하게 만드는지도 모른다. 사랑하는 일에도 배우고 노력을 기울여 익혀야 할 지식과 기술이 있다는 에리히 프롬[64]의 설명은 결국 참고 사는 기술이라 해도 과언이 아닐 것이다.

사랑은 배우고 익혀야 하는 것이란 사실을 간과하면, 세상에서 가장 쉬운 일인 동시에 가장 어려운 일이 사랑이다. 사랑에 성공하는 건 복권 당첨처럼 오직 운에 달려 있는 수동적인 일이 되기 때문이다. 프롬은 현대인이 "사랑보다 더 쉬운 일은 없다"고 여기는 이유 가운데 하나로 사랑에 대한 오해, 즉 그저 내가 사랑할 만한 제대로 된 상대를 찾기만 하면 되는 "대상의 문제"라는 인식을 꼽는다. 그리고 그런 오해를 갖게 된 배경에는 두 가지 사회 변화가 있다고 덧붙인다.

첫째, 로맨스의 등장이다. 전근대 시대에 결혼은 가족 집단의 이익을 우선으로 해서 부모에 의해 맺어졌다. 이후 낭만적 사랑이란 개념이 보편화되면서 사람들은, 우연히 서로에게 끌려 사랑에 빠진 두 당사자가 자기 의지로 결혼하

---

64 같은 책, p.8~11

는 걸 당연시하게 되었다. 결혼 방식의 이러한 변화로 이전에는 그다지 중요하지 않았던 외모, 성격, 능력, 태도, 가치관 등 결혼 당사자의 개인적(사적)인 측면이 강조됐다. 그러면서 어떤 사람을 만나느냐에 따라 자기 사랑의 성공 여부가 좌우된다고 여기게 되었다.

둘째, 시장경제의 영향이다. 현대인은 "상점 진열장을 들여다보며 느끼는 스릴과, 살 수 있는 것이면 무엇이든 사는" 생활방식에 익숙한 나머지 자기가 살 수 있는 한도 내에서 최상품을 고르려 한다. 이처럼 연인 관계를 맺을 파트너도 "자기 자신의 교환가치 한계를 고려하면서 서로 시장에서 살 수 있는 최상의 대상을 찾아냈다고 느낄 때에만" 선택한다. 이 과정을 통해 "남남으로 지내오던 두 사람이 갑자기 서로의 벽을 허물어버리고 밀접하게 하나라고 느끼는 생애 가장 유쾌하고 격앙된 경험"을 하게 되고, 이 경험의 영향으로 결혼에 이른다.

하지만 "친해질수록 친밀감과 기적적인 면은 줄어들어서 마침내 적대감, 실망감, 권태가 생기"는 싸늘한 현실에 부딪힌다. 이에 마고처럼 다시 새로운 대상을 찾아나선다. 이 사람이 아니라 다른, 나와 맞는 제대로 된 사람을 만나기만 하면 분명 사랑이 어렵지 않게 성공하리란 기대를 품고서. 프롬은 전근대의 결혼 방식과 근대 이후의 낭만적 결혼을 비교하면서, 사랑의 대상을 상품 고르듯 계산적으로 결정하는 모습을 현대인 특징이라고 지적한다. 하지만 계산적 태도는 현대인만이 아니라 유사이래 시대를 막론해서 나타나는 모습이다.

전근대 시대의 결혼은 가족 집단의 이익이 가장 중요했고, 그런 시대 사람으로서 결혼 당사자의 의사 역시 대개 가족 집단의 이익과 일치했으리라 추측할 수 있다. 프롬의 지적처럼 전근대 시대의 사랑이 "결혼이 성립한 다음에 전개되는 것"이었다면, 그런 사랑에는 노력이 필요했을 것이다. 그런 노력을 기울인다는 건, 비록 자신의 결정이 아니어도 자기 의사에 완전히 반하는 결혼은 아니었기에 가능했을 것이다. 그렇게 애써 만드는 사랑이라면 그 역시 가족 집단의 일원으로서 자기 자신에게 가장 이득이 되는 선택인 것이다. 결국 계산적인 태도는 전근대인이나 현대인이나 크게 다르다고 하기 어렵다.

중요한 차이는 다른 데 있다. 전근대 시대엔 결혼하고 나서 사랑하기 위해 노력하는 걸 당연하게 여긴 반면, 현대인은 결혼 후 시들해지는 관계를 상대방의 문제라고 여긴다. 완벽한 인간은 없다. 함께 지내는 시간이 쌓이고 서로 익숙해지면 이전에 보이지 않았던 다양한 모습을 겪게 된다. 상대방에게 실망하거나 싫증나는 것도 피할 수 없는 변화다. 이 때문에 사랑의 성공 여부가 상대방이 어떤 사람인가에 달려 있다고 여기는 태도는 사랑을 지속하고 진정한 사랑에 다가가는 여정에 불리하게 작용할 수밖에 없다.

아직도 남편과 눈 마주치면 심장이 쿵하고 설렐 정도로 내가 남편을 좋아한다 해도, 그 역시 내게 완벽하지 않은 사람이다. 20년 가까운 시간을 함께 지내면서 그의 단점을 목격하지 않을 수 없고, 참을 수 없이 싫은 구석을 발견하기도 한다. 그럴 때면 내 안에서 일어나는 실망감과 때로는 혐오감을 다루느라 진땀을 뺀다. 그럼에도, 아니 그럴수록 가능한 내가 맞춰주어야 한다는 걸 잊지 않으려 한다. 내게 좋을 때만 또는 내가 좋아하는 모습만 보여서 좋아하는 건 사랑이 아닐 것이기 때문이다. 진정 좋아하는 마음은 내가 싫어하는 것, 탐탁치 않은 걸 그가 원할 때, 나를 양보하고 그걸 받아들이려 노력하는 태도에서 드러나는 것 아닐까?

프롬은 특히 성애(연인 관계)에서 의지가 중요하다고 강조한다. 결혼 후에도 사랑을 지속하고 키워나가려는 노력은 그를 배우자로 선택한 내 결단과 판단, 즉 나 자신을 신뢰하고 나와의 약속을 지키려는 의지이기도 하다. 그런 점에서 사랑은 나도 모르게 사랑에 빠지는 "수동적 감정"이 아니라 "참여"하고 "주는" "능동적인 활동"[65]이다. 이 때문에 사랑할 줄 아는 능력이 중요한 것이다.

더 사랑해주는 사람이 이득인 이유

프롬은 "자기 자신의 교환가치 한계를 고려하면서 서로 시장에서 살 수 있는 최상의 대상을 찾아냈다고 느낄 때에만 (두 사람은) 사랑에 빠질 수 있다"고 현대인의 행동을 날카롭게 통찰한다. 이는 다름 아닌 결혼 전 내 모습이었다. 나는 특별히 깊은 관계를 맺을 남자에 대해 매우 세속적인 몇 가지 기준을 정했고, 무조건 상위 레벨이 아니라 내 수준 (교환가치)을 고려해 적당한 수준일 때에만 만나볼 생각을 가졌다. 그렇게 해서 나름 어렵게 남편을 만났다.

그런데 그 셈에 만족할 만한 사람과 결혼했다고 해서 계산적인 마음이 사라지지는 않는다. 결혼하고 나자 내 계산적 태도의 대상은 양쪽 부모와의 관계로 옮겨졌다. 시댁에서 내가 하는 것만큼 남편도 친정에 그렇게(적어도 비슷한 수준으로) 해야 한다며 저울질했다. 내가 시댁에 가는 만큼 남편도 친정에 가야 했고, 내가 시댁에 잘하려고 하는 만큼 남편도 친정에 잘하는지 늘 예의주시했다.

---

65   같은 책, p.29

그러다 보니 친정에 가도 긴장을 풀 수 없어 편치 않았고, 시댁에 가도 불만이 쌓이고 위축됐다. 친정에서는 남편이 굳이 뭔가 하지 않아도 되는데, 나는 시댁에서 그 이상의 무언가를 해야 할 것 같은 느낌이 자꾸 들었다. 이 불편이 실은 상당 부분 내 태도에서 비롯된 것이란 걸 깨닫기까지 적지 않은 세월이 필요했다. 결혼 3년 만에 남편이 생존율 20%인 암 투병을 해야 하는 상황에 닥치지 않았다면, 아마 더 오랜 시간이 걸렸을 것이다.[66]

갑작스런 남편의 암 선고로 가족 모두가 큰 충격에 빠졌다. 남편 본인 다음으로 가장 큰 충격을 받은 사람은 시부모님과 나였다. 그런데, 부모와 배우자 중 누가 더 괴롭고 힘들까? 당연히 부모일 것이다. 지금은 이 사실을 알지만 당시엔 그렇지 않았다. 암 선고를 받은 남편의 배우자이므로 나는 환자에 준하는 위로와 배려 그리고 보살핌까지 받아야 한다고, 그럴 자격이 있다고 생각했다. 투병을 돕는 동안 나를 생전 처음 겪는 고통의 수렁으로 몰아넣었던 건 바로 그 생각이었다.

투병하는 동안 매사 아들 중심으로 말하고 행동하게 될

---

66   남편의 투병을 도우면서 가족에게서 (정신적으로) 자립하게 되는 과정의 이야기는 이전 출간작 『환장할 우리 가족』을 참고.

수밖에 없는 게 어머니 입장인데, 그런 어머니를 접할수록 내 마음에는 서운함과 원망이 쌓였다. 나는 어머니가 당신 아들 못지않게 나도 위로해주고 관심을 가져주어야 한다고 기대했다. 하지만 온통 아들 생각뿐 내 입장이나 마음에 대한 이해는 없고, 당신 아들을 위해서 이렇게 저렇게 하라고 요구만 하는 것처럼 느껴졌다. 별 의미 없이 하는 말에도 나는 사사건건 상처를 입었고, 점점 어머니 앞에서 위축되면서 마음이 닫혔다. 단지 어머니와 함께 있을 때만 불편한 게 아니었다. 시댁에 가거나 어머니가 집으로 온다고 하면 그날부터 두려움에 휩싸였다.

이 고통에서 어떻게 벗어날 수 있을까? 남편을 통해 이 문제를 해결하려 하면 다투게 되고 오히려 더 상처받기만 했다. 하소연을 털어놓을 친정이나 친구들은 당장의 불쾌한 감정을 해소하는 데 더없이 큰 힘이 되었지만, 나를 고통에서 벗어나게 해주는 건 아니었다. 나는 내 내면을 살피려고 노력했다. 그러자 어느 날 문득, 어머니와 함께 있을 때 내 마음 태도가 보였다. 나는 어머니에게서 항상 받으려고만 하고 있었다. 나이를 아무리 많이 먹어도 어머니는 부모이니까 자식에게 주어야 하고, 나는 자식이니까 어머니에게서 받아야 하는 사람이라고 철석같이 믿고 있었다.

나는 왜 당연히 부모에게서 받아야 한다고 여겼을까? 어리고 연약해서 부모라는 어른에게 의존하지 않고서는 생존할 수 없었던 어린 시절 인식을 그대로 갖고 있었기 때문이다. 더 이상 물질적 지원을 받지는 않지만, 여전히 부모 도움 없이는 아무것도 하지 못하는 어린아이인 양 부모에게서 위로와 배려, 관심 같은 정서적 지원을 받으려 했다.

하지만 나는 더 이상 어린아이가 아니다. 누군가에게 의존하지 않고 오롯이 홀로 설 수 있으며 나아가 어린아이와 노인 같은 약자가 기댈 수 있는 성인이자 '개인'이다. 반면 부모는 점점 나이 들어 약해진다. 다 자란 자식이 보살펴주어야 할 사람이 되어간다. 위로받고 관심과 배려를 받아야 할 사람은 내가 아니라 어머니였고, 그런 사랑을 주어야 할 사람은 어머니가 아니라 나였다. 이를 깨달으니, 내게는 충분히 그럴 깜냥이 있음이 느껴졌다.

나는 받으려고만 하느라 내가 가진 능력을 자각하지 못하고 있었다. 정신이 번쩍 들 듯 이 사실을 깨닫자 자존감과 자신감이 차오르는 느낌으로 얼마나 충만했는지 아직도 생생하다. 내가 어머니 마음을 헤아려 당신이 원하는 대로 기꺼이 배려하며 사랑을 주겠다고 마음먹으니 더 이상 어머니 앞에서 위축되지 않았다. 인정받기 위해, 사랑받기 위해 눈치 볼 필요가 없어졌기 때문이다. 나는 인정해 '주고' 사랑해'주는' 사람이지, 받는 사람이 아니라는 태도가 자유를 가져다주었다. 이때를 계기로 나는 어머니의 성향을 선입견 없이 알아갈 수 있었고, 마음의 문도 열 수 있었다.

프롬은 주는 행위를, 포기하고 빼앗기며 희생하는 것이라고 여기는 사람이 있는 반면, 자기 "잠재 능력의 최고 표현"으로 여기는 사람이 있다고 말한다.[67] 후자의 사람은 주는 행위를 통해서 "내 힘, 내 부wealth, 내 능력을 경험"하기 때문에 "주는 것이 받는 것보다 더 즐겁다"고 생각한다. 실제로 사람들이 선망하고 되고 싶어 하는 사람인 부자, 어른, 상사, 리더는 전부 '주는 사람'이다. 무언가를 준다는 건 내가 그 무언가를 충분히 갖고 있고, 그것을 줄 능력이 있다는 의미이다. 가난한 사람, 아이, 부하나 추종자처럼 물질이든 능력이든 정서든 결핍되어 있거나 충분하지 않은 사람은 받을 수만 있을 뿐, 주고 싶어도 줄 수 없다.

사랑에 관해서만큼은 누구나 능력자가 될 수 있다. 이미 부자다. 자기 자신이 미처 모르고 있을 뿐이다. 관심을 주고, 배려해주고, 이해해주는 사람이 되겠다고 마음먹기만 하면 자기 역량이 얼마나 큰지 놀라지 않을 수 없다. "사랑받지 못하는 것은 그저 운이 없는 것이지만, 사랑하지 못하

---

67   에리히 프롬, 『사랑의 기술』 문예출판사 1994, p.30

는 것은 불행"[68]이라는 프랑스 작가 알베르 카뮈의 말을 절감하지 않을 수 없을 것이다.

그러니 참고 살아도 손해 볼 것 하나 없다. 참고 산다는 건 상대방을 내가 이해해'주고' 배려해'주고' 양보해'주면서' 내게 잠재해 있는 능력을 최고로 표현하는 행위이기 때문이다. 참고 살고 있다면 오히려 당당히 떠벌릴 일이다. 내가 참고 산다는 말에 상대방이 긍정한다면 그가 내게 고마워해야 할 일이고, 부정하면서 자기가 더 참고 산다며 펄쩍 뛴다면 그보다 더 내가 사랑받고 있다는 확실한 증거가 없을 테니까.

---

68   알베르 카뮈, 『결혼·여름』, 책세상, 1989, p.165

4장

개인에게 가장 소중한 건 자유

*

인간을 개인일 수 있게 하는 것들

마틴 에덴

엘레나를 만나 개인이 된 마틴의 절규

*

자기 자신의 주인 되기는 자유 없이 불가능하다

2020년부터 약 2년 동안 전 세계를 공황에 빠트렸던 코비드 19 팬데믹만큼 동서양 문화차이를 극명하게 드러나게 한 사건은 없을 것이다. 그 차이는 특히 마스크 착용 의무화와 거리두기 등 정부의 강압적 통제 조치에 대한 반응에서 두드러졌다. 일본이야 코비드 19가 발생하기 훨씬 전부터 감기 기운만 있어도 마스크 쓰고 다니는 게 일상인 문화이지만, 마스크 착용이 익숙하지 않던 동양의 다른 여러 나라, 특히 한국에서는 팬데믹 조짐이 보이기 시작할 때부터 마스크 착용을 서로 독려했다. 말이 좋아 독려이지, 마스크를 쓰지 않은 걸 실수로 여기기보다 일부러 민폐 끼치려는 행동처럼 몰아가는 분위기도 적지 않았다. 이런 정서는 사실상 감시에 가깝게 느껴졌다. 마스크 미착용 시 굳이 벌금을 부과하는 행정 조치를 취할 필요도 없지 않나 싶을 정도였다.

미국과 유럽 등 서구 사회 분위기는 사뭇 달랐다. 팬데믹이 한창 진행되고 나서야 마지못해 마스크 착용이 의무화됐는데, 여러 나라에서 이를 반대하는 시위가 격렬하게 일어났다. 마스크 착용 조치와 관련한 동서양의 문화차이를 연구한 자료에서는 이를 "개인 이익이 최우선시"[69]되는 개인주의 문화의 영향으로 설명한다. 그러나 팬데믹 시기에 개인 이익은 단연코 안전일 것이다.

그러한 분석은 개인주의 문화에서 가장 중요한 게 자유라는 사실을 간과하고 있다. 그들이 저항한 건 마스크 착용 자체가 아니라 그것을 의무화하는 강제조치였다. 한국식 국가관에선 정부가 개개인의 안전을 책임지기 위해 마땅히 해야 할 조치라고 여기겠지만, 그들은 개개인이 알아서 해야 할 일에 대해 국가 권력이 강제조치를 취하며 간섭한다고 보았다. 이는 개인의 자유와 권리에 대한 심각한 침해로 여겨졌다.

---

69   강민혜·정찬문·나진경, 「코로나19와 마스크: 한국과 미국을 중심으로 본 마스크 착용에서의 동서양 문화차이」, 한국심리학회지: 사회및성격 35권 4호, 2021, p.88

안전을 중시하는 사람에게는 다소 무모해 보일 수도 있었겠지만, 미국 워싱턴 D.C. 한국전 참전용사 기념 공원에 새겨진 "Freedom is not free(자유는 공짜가 아니다)"라는 말처럼, 그들은 자유를 지키기 위해서라면 감수하지 못할 게 없는 것 같았다. 먹고 자는 본능과 쾌락에 만족하던 잡역부 마틴 에덴이 글을 통해 자기 자신을 탐구할 줄 알게 되면서 '개인'이 된 이후, 민주주의도 사회주의도 거부하면서 오직 자유를 외친 것처럼.

아름다움에 눈 뜨고 자기 자신을 발견하다

　영화 「마틴 에덴」을 사회주의와 자본주의를 모두 거부한 개인주의자의 이야기라고 해석한 평론을 보았다. 이런 평론에서는 주인공 마틴이 자신의 성장에 자극을 준 연인 엘레나와 이루어지지 못한 이유를 계급 차이라고 해석한다. 동명의 원작 소설을 쓴 20세기 초 미국 소설가 잭 런던이 한때 사회주의 활동을 한 적이 있어서 그런 것 같기도 한데, 정치 이념적 관점을 제외하고 보면 「마틴 에덴」은 한 인간이 개인으로 거듭나는 모습을 탁월하게 보여주는 작품이다.[70]

70　개인주의는 자기 정체성과 삶의 의미 따위를 집단이나 타인이 아닌 지기 지신에게서 찾는 태도이자 인간관이며, 근대의 공동체는 그러한 태도를 바탕으로 하는 개인으로 구성된다는 사회관이지 민주주의나 사회주의처럼 인위적으로 만든 체제가 아니다.

배에서 막노동하며 하루 벌어 하루 먹고사는 청년 마틴. 사색이라고는 해본 적 없는 그가 개인으로 성장하는 계기는 상류층 집안의 아름다운 여성 엘레나와의 교제다. 이념적 시각에서는 이 구도가 하층 노동자와 상류층이라는 계급 차이와 그로 인한 갈등을 나타내려는 설정으로 보일 수 있다. 엘레나를 보고 "당신처럼 말하고 당신처럼 생각하고 싶다"는 마틴의 고백은 계급 상승의 욕망으로 보이기도 한다.

하지만 '개인' 관점에서 그 고백은, 먹고사는 일이 전부인 줄 알던 1차원적 사람이 식욕, 성욕, 수면욕 같은 기본 욕구 충족 차원에 만족하지 않고, 그 이상의 것을 추구하는 인간으로 성장하고 싶다는 소망의 표현이다.

영화는 마틴이 엘레나에게 반하는 장면을, 엘레나의 아름다운 모습을 구석구석 클로즈업하면서 보여준다. 이는 단순한 이성에 대한 끌림이 아니라 주인공이 정신적이고 영적인 것, 즉 추상성에 눈뜨는 모습이다. 그녀의 모습은 추상적 아름다움이라고 볼 수 있는 것이다. 이것은 인간의 내면을 일깨운다. 추상미술의 아버지라 불리는 러시아 화가 칸딘스키는 "단어가 지시하는 대상이 보이지 않고 단지 그 이름만 들릴 경우에 듣는 사람 머리에는 추상적 표상, 즉 비물질화한 대상이 떠오르는데" 이 대상이 "곧바로 마음속에

진동을 야기시킨다"고 말한다.[71] 마찬가지로 이름 모를 들꽃이든 예술작품이든, 인상적이지만 무엇이라 규정할 수 없고 표현하기 어려운 걸 접할 때에도 인간은 물질 영역 너머 비가시적 차원의 정신 영역, 즉 내면으로 시선을 돌린다. 독일의 영성가 에크하르트 톨레에 의하면 "외부적인 형상의 아름다움 너머에는 이름 부를 수도 없고, 말로 표현할 수도 없는 무언가 깊은 내면의 성스러운 본질이 있다. 아름다움이 있는 곳에는 언제나 그러한 내면의 본질이 언뜻언뜻 비치게 된다."[72] 추상예술과 아름다움이 보는 사람으로 하여금 자기 자신을 통해 본질을 탐구하도록 만드는 원리가 바로 이러한 작용이다. 아름다움을 발견함으로써 인류는 자신의 진정한 본질, 자기 안 내밀한 존재의 핵심에 눈을 뜨게 된다. 마틴에게는 그 매개체가 엘레나의 아름다움인 것이다.

당신처럼 말하고 생각하고 싶다는 마틴에게 엘레나는 기초적인 제도 교육을 받아보라고 권하지만, 마틴은 이를 거부한다. 대신 독학하면서 스스로 성장한다. 그 모습 또한 누구나 그 무엇의 도움 없이 스스로 개인이 될 수 있는 잠재력이 있음을 은유한다. 엘레나에게 보낸 편지에서 마틴

71   바실리 칸딘스키, 『예술에서의 정신적인 것에 대하여』, 열화당, 2019, p.42~43
72   에크하르트 톨레, 『지금 이 순간을 살아라』, 양문, 2008, 5장

은 이렇게 선언한다.

'지금 나는 마치 나 자신이 하나의 세계관이 된 것 같아요.'

마침내 자기 자신이라는 하나의 세계를 만난 것이다.

마틴과 엘레나가 카페에 갔을 때 마틴은 종업원으로 일하는 마르게리타를 무시하는 태도를 보인다. 마르게리타는 마틴이 잡역부로 지내던 시절에 길에서 만나 함께 밤을 보냈던 여자다.

"(그녀하고는) 말이 통하지 않을 거예요. 문법을 모르거든요."

계급적 사고방식에서 이 말은 언뜻 '난 이제 너랑 다른 계층의 사람이야.'라는 오만한 태도로 보이기 쉽다. 하지만 '개인' 관점에서는 자기가 더 이상 마르게리타와 어울렸을 때처럼 1차원적 쾌락이나 욕구 만족에 머물러 있는 사람이 아니라는 은유다.

"처음 글을 쓸 땐 쓸 얘기가 없었어. 생각도 없었고, 어휘도 몰랐지. 어휘력이 늘면서 내 경험 안에 있는 것이 단순한 장면이 아니란 걸 깨달았어. (내 경험을) 어떻게 해석할지 알게 된 거야."

마틴의 이 고백 속에서 마르게리타가 모를 거라는 문법의 의미를 찾을 수 있다. 문법, 즉 말하는 방식은 생각하는 방식에서 기인한다. 그것에 자기 경험을 여과시킴으로써 자기 본질을 이해하고 설명할 수 있게 된다. 그렇게 스스로 자기 자신을 규정하고 삶의 의미를 부여할 수 있을 때, 인간은 비로소 다른 무언가에 의존하지 않고 자기 자신으로서 삶을 영위할 수 있다.

자유를 부르짖는 마틴이 민주주의를 반대하는 이유

2016년 말, 박근혜 대통령 탄핵 시위에서 가장 많이 언급된 구절은 헌법 제1조 1항과 2항이다.

'대한민국은 민주공화국이다. 대한민국 주권은 국민에게 있고, 모든 권력은 국민으로부터 나온다.'

누군가 선언하듯 무대에서 마이크를 들고 이 구절을 외치면 사람들은 비장한 얼굴로 촛불을 들며 따라 외쳤다. 그 비장함은 대한민국 헌법이 부여한 숭고한 권한을 행사하고 있음을 드러내는 듯했다. 권력의 원천인 자기 자신의 준엄한 명령에 행정부 최고책임자가 복종해야 함을 암시하는 것 같았다.

한국에서는 이런 민주주의야말로 최고 선이자 가치로 여겨진다. 민주주의가 파괴되는 일은 곧 재앙이고, 민주주의만 지켜진다면 그래도 마지막 정의가 살아 있는 것처럼 생각한다. 민주화 운동부터 촛불집회까지 국민(여론)의 압박으로 정치·행정 권력을 뒤바꾼 경험을 통해 주권재

민을 신성하게 여기는 태도가 한층 더 내면화됐기 때문일 것이다. 이런 인식을 지닌 사람들은, 1930년대 나치당 집권과 히틀러 선출이 당시 독일 국민 투표로 이루어진 민주적 결정이었다고 하면 당황스러워하기 마련이다.

마틴은 첫 등장부터 집단이나 대중의 힘에 맞설 수 있는, 한 사람 한 사람 안에 잠재된 자립 가능성과 각자 자기 뜻대로 살아갈 수 있는 개개인의 자유를 갈구하며 진정한 해방을 부르짖는다. 또, 사회(계획)주의의 어리석음에 분노하고 자본주의로 표현되는 물질 만능주의를 경멸한다. 거기까진 충분히 수긍하더라도 민주주의마저 열렬히 반대하는 모습이 의아하게 여겨진다면, 그 또한 민주주의를 신성시하는 사회적 인식에서 비롯된 반응일 수 있다.

홀로코스트 같은 끔찍한 악행은 히틀러의 인종주의에서 비롯되었고, 그런 히틀러를 막지 못한 책임 일부는 당시 독일 국민의 영웅숭배 풍조에 있기도 하다.[73] 하지만 독일 국민이 무조건 히틀러를 따른 것만은 아니다. 히틀러는 민주적 절차에 따라 대통령이 되었고, 합법적으로 의회의 입법권을 부여받았다. 히틀러가 반대 세력을 숙청하고 헌법이

---

73 「[아돌프 히틀러]희대의 살인귀 '히틀러'가 600만 유대인을 학살한 진짜 이유 (홍진경, 인물세계사)」 유튜브 '공부왕찐천재 홍진경'

보장하는 개인의 자유를 차단할 수 있었던 배경에는, 당시 독일 민족의 영광을 되찾으라는 국민의 준엄한 명령이 있었다. 그들은 히틀러와 나치당이 공산 사회주의 세력의 위협을 막고 경제를 살리길 원했다.

민주적 정당성을 가진 히틀러의 당선 사례를 접하면, 민주주의를 소중하게 여기는 유권자로서 책임감을 환기하고 경각심을 재고하게 된다. 하지만 정치인이나 정당, 정책에 대한 판단을 정신 바짝 차리고 잘해야겠다는 다짐만으로는 턱없이 부족하다. 히틀러와 독일 국민이 사로잡혔던 인종주의와 영웅숭배는 단지 히틀러라는 사람의 성정 문제나 당시 독일 국민의 절박함이 빚어낸 실수가 아니었다. 독일 철학자 에른스트 카시러에 의하면, 영웅숭배와 인종주의는 18세기 계몽주의 사상 영향으로 일어난 위대한 사건들에 대한 반작용이었다.

미국의 독립 선언과 프랑스 혁명 같은 일련의 정치적 변화에 사람들은 열광했다. 하지만 공포정치가 들어서는 등 기대했던 바와 달리 유럽의 정치·사회 질서가 붕괴될 위기에 처하자 당시 사람들은 전혀 다른 방향에서 대안을 찾기 시작했다. 독일에서는 문화를 의식적 인간 활동의 소산이 아니라 "보다 높은 필연성"의 소산으로 보는 낭만주의 역사관이 대두되었고, 이어 영국 역사학자 토마스 칼라일의

『영웅숭배론』이 등장했다. 영웅숭배론에서 역사는 선한 의지를 가진 한 뛰어난 인간의 일생 기록이다. 따라서 영웅적 행동이 아니라 누가 영웅인가가 중요해진다. 이성, 즉 도덕 의지는 평등하지 않으며 소수의 위대한 인격에 집중된다고 보았기 때문이다.[74]

10여 년 후 프랑스 외교관 고비노의 『인간 불평등론』이 출간됐다. 니체의 '거리의 파토스' 개념을 왜곡 적용해 고등한 인종이 있다고 주장한 그는, 인간의 도덕 가치는 행동이 아니라 그 사람의 혈통이 결정한다고 말한다. 그에게 덕은 습득되는 것이 아니라 인종의 신체적·정신적 산물이다. 따라서 인종의 순수성 유지가 중요하다. 다른 인종과의 혼혈은 그 힘과 능력을 상실시키며 부패와 타락으로 이어진다. 이는 곧 종말의 시작이다.[75] 이 허술한 주장[76]이 우생학으로 이어졌고, 우생학은 유전학의 발전과 결합하면서 과학적 정당성을 얻었다.[77] 그 결과 1900년대 초 마리 퀴리를

---

74   에른스트 캇시러, 『국가의 신화』, 창, 2013, p.298
75   같은 책, p.325~327, 339
76   카시러는, 고비노가 역사를 과학적, 논리적(연역적)인 것으로 만들었다고
      자부했으나, 실은 체계적 이론이 아니라 희망적 관측에 불과한 주관적 사상의
      집성체라고 지적한다. 자신의 주장을 뒷받침하는 사례는 인정하고, 그것을
      부정하는 사례는 무시하거나 경시하는 등 비판적 논거 방법 없이 독단적인
      방식으로 주장을 전개했다는 것이다. - 같은 책, p.313
77   박희주, "새로운 유전학과 우생학" 생명윤리 제1권 제2호, 2000.12, p.14~28

비롯해 미국의 여러 저명한 지식인이 지지하고, 스웨덴을 비롯한 유럽 국가와 소련 등이 정책적으로 실시할 만큼 당대를 사로잡았다.[78]

고비노는 아리아인의 우월성을 설파했고, 히틀러는 독일 민족이야말로 위대한 아리아 인종의 순수성을 가장 잘 보존한 민족이라고 주장했다. 그런 시대적 흐름 위에서 독일 국민은 히틀러를 지지했다. 지금에서야 그 모든 것이 얼마나 끔찍하고 허망한 착각이었는지 알 수 있지만, 그 시대를 현재로 살아가던 사람들은 그러한 아이디어가 당시 문제를 해결하고 인류를 한 차원 진보시킬 거라 믿었다. 어리석음과 허약함 때문에 고통받는 사람 없는 미래를 만들 수 있다는 희망으로 다가왔을 것이다.

아리스토텔레스는 지적 능력과 도덕적 인성이 완벽에 가까운 소수가 통치하는 왕정이나 귀족정을 가장 좋은 정치 체제로 꼽으며, 민주주의는 가장 불완전한 제도라고 지적했다. 그런데도 그는 결국 민주정을 선택했다.[79] 지적 능

---

78   김도현(비마이너 발행인), 「우생주의의 역사와 생명권력 시대의 장애」,
       비마이너 2015. 5. 12
79   "최선의 정치 체제는 덕과 지혜를 갖춘 자에 의해 통치되는 것이다.
       그러나 이러한 인물은 드물기 때문에, 현실에서는 법에 의해 다수의 시민이 통치에
       참여하는 체제(중산층이 주도하는, 민주정과 과두정의 장점을 결합한 혼합정체
       Polity)가 더 적합하다."
       - 아리스토텔레스, 「정치학」 제3권 제11장(최선의 정치 체제에 대한 언급)

력과 도덕적 인성이 완벽(에 가깝게 적합)한 인간이 현실에 존재하지 않기 때문이다. 인간은 불완전하므로 소수에 기대기보다 사회구성원 전부가 참여함으로써 그나마 최악의 사태를 방지할 가능성이 있는 민주 체제를 현실적인 정치 제도로 꼽은 것이다.

그러나 플라톤은, 민주정의 장점은 최악의 사태를 방지할 '가능성'을 기대할 수 있다는 것뿐이라고 명확히 선을 그었다. 엄밀히 말하면, 그 가능성이란 것도 결국은 단지 지연에 가깝다. 그는 민주제가 결국 최악의 정치 형태인 참주제(포퓰리스트)로 전락하고 말 것이라고 보았다. 바로 다수의 지지라는 민주제의 핵심 원리 때문이다. 이것이 다수의 힘에 맞서 자유와 개인을 간절히 부르짖던 마틴이, 사회주의는 물론이거니와 민주주의 또한 단호히 반대한 이유다. 민주주의에 내재한 다수의 지지라는 위험성이다.

이처럼 민주주의의 구조적 위험성과 인간의 인지 한계로 인해, 정치인과 사안을 잘 판단해서 선택하고 견제하겠다는 유권자의 다짐과 의지만으로는 민주주의를 지키기 어렵다. 그렇다면 민주주의는 선의 보루가 될 수 없다. 인간의 불완전성은 다수가 모인다고 해서 사라지지 않기 때문이다. 따라서 다수의 판단일수록 옳을 가능성도 크다고 여길 수 없다. 역사는, 한 개인의 독단 못지않게 다수의 맹신이 얼마나 위험한지를 보여준다. 그런데도 우리는 민주주의가 곧 선이라는 믿음에 안주하며, 그 속의 위험을 과소평가하곤 한다. 히틀러의 오만은 그 한 사람의 오만이었지만, 민주주의를 신성시하는 태도는 유권자 모두의 자만일 수 있는 것이다.

민주주의를 지키는 유일한 방법, 자유

민주주의라는 시스템에는 아무런 지향 가치가 없다. 민주주의의 치명적인 취약성은 이러한 한계에서 기인한다. 다수가 독재를 원하고 필요에 따라 차별과 폭력, 억압을 요구하면, 민주주의는 그 모든 것을 승인한다. 민주주의로는 이를 막을 방법이 없다. 민주주의는 단지 의사결정을 위한 수단이기 때문이다. 그래도 다원화 사회에서 최선의 의사결정 체제는 여전히 민주주의다. 갈등을 해결하는 데 드는 비용의 효율성, 공적 업무에 대한 대중의 이해 개선[80]이라는 다수결의 장점 외에도, 민주주의는 인간에게 잠재해 있는 '개인'의 가능성, 즉 자기 자신의 주인으로서 살아갈 수 있는 자립의 능력을 기반으로 삼기 때문이다. 따라서 의사결정 수단에 지나지 않는 민주주의에 필요한 건 개개인을

---

80   민경국, 『민경국 교수의 자유론』, 북코리아, 2021, p.381

개인답게 존재할 수 있도록 하는 가치다.

그것은 오직 자유다. 저마다 삶에서 추구하는 목적이 다르고, 각자 자기만의 방식과 방법, 계획으로 그 목적을 성취하는 것이 개인이기 때문이다. 평등, 정의 등 그 어떤 가치도 개인의 다름과 개성을 아우르지 못한다. 정의는 무엇이 정의인지 모호할 뿐만 아니라 사람마다 다르다. 평등은 그 사회가 지향하는 목적을 하나로 만들어버린다. 사회가 평등과 같은 한 가지 목적을 지향하면 개개인의 제각기 다른 목적이 후순위로 밀려나고, 사회구성원 전체가 그 한 가지 목적을 성취하는 일에 동원된다. 그 자체로 목적이 되어야 할 개개인이 사회의 목적 달성을 위한 수단으로 전락하는 전체주의(집단주의)가 되는 것이다.

자유 역시 무엇이 자유인지 모호해서 분분한 게 사실이다. 그러나 기본을 떠올리면 간단하다. 개인, 즉 각자가 자기 삶의 주인으로 존재할 수 있는 조건을 기준으로 삼는다면, 자유의 방점은 무엇을 하느냐가 아니라 '그 행위가 타인을 도구화하느냐'에 찍힌다. 그러면 자유는 더 이상 다른 사람에게 피해 주지 않는 한 무엇이든 할 수 있는 상태 같은 막연하고 주관적인 것이 아니다. 다른 사람을 자기 목적의 수단으로 삼지 않는 한, 어떤 행위든 허용되는 명확하고 객관적인 상태가 된다. 타인을 자기 목적에 이용하려는 행위는 몇 가지로 꼽을 수 있다. 대표적으로 폭력, 억압, 사기 (거짓말) 같은 것들이다. 담합처럼 경쟁에서 우위를 차지하기 위해 끼리끼리 모의해서 다른 사람의 선택권이나 행동을 제약하는 행위 등[81]도 포함된다.

이렇게 개개인이 제각기 자기 목적을 추구할 수 있게 하는 최소한의 환경 마련에 한해서만 정부 규제와 같은 공권력 개입을 허용할 때 민주주의를 지킬 수 있다. 그 이상으로 구체적인 문제에 대한 해결을 요구하는 경우 민주주의는 차츰 와해되기 시작한다. 아이러니하게도 사회가 발전하고 다원화될수록 그러하다. 국가 권력이 필연적으로 무능해지기 때문이다.[82]

영국의 경제학자이자 정치철학자 하이에크는 『노예의 길』에서 그 과정을 설명한다. 흔히 의회와 정부가 갈등과 문제를 해결한다고 하는데, 그러려면 여러 문제와 갈등 중에서 우선순위를 선정할 기준이 필요하다. 전쟁 승리나 가난 극복 등과 같은 목적을 가진 단순한 사회라면 그 목적 달성을 지표로 삼을 수 있고, 그에 따라 수많은 문제와 갈등 가운데 어떤 것부터 어떻게 해결할지 정하는 일이 비교

---

81   같은 책, p.30~36
82   프리드리히 A. 하이에크, 『노예의 길』, 자유기업원, 2018, 제5장

적 용이하다.

반면, 제각기 다른 목적을 추구하는 사회에서 국가 권력에 의한 갈등 해결은 대개 단순하고 즉각적이며, 감정적인 주장과 이에 대한 지지로 형성된 여론 등 목소리가 큰 쪽으로 기울어진다. 이는 또 다른 문제와 갈등을 일으키는 미봉책이 되고, 문제와 갈등은 더 복잡하게 얽힌다. 사람들은 불만이 쌓이고, 새로운 정권에 기대했다가 실망하고 또 불만 쌓이기가 반복된다. 국가 권력이 아무도 피해 입지 않고 모두가 만족하는 문제해결 방법을 찾기란 현실적으로 불가능하다. 하지만 불만이 쌓일 대로 쌓인 사람들은 민주적이지만 무능한 정권보다는 차라리 문제해결에 유능한 강력한 지도자가 낫다고 생각한다. 베네수엘라의 차베스, 필리핀의 두테르테는 이런 과정을 거쳐 등장했다.

영화 후반부, 작가로 성공한 마틴이 어느 강연에서 법과 반려동물에 관한 행태를 횡설수설하듯 빈정거리는 장면은 이를 지적한다.

"우리 법에 결함이 있다. 가난뱅이에게 개 키울 권리를 준 것이다. 개 대신 쥐를 키우면 안 되나? 더 순하고 보유세도 안 내는데! 그런데 비싼 잡종 개들과 비좁게 산다. 파리와 놀면 안 되나? 반려동물로 못 삼나? 그리고 시청에 세금을 내라. 여기서 멈추면 고래도 사서 키울 테니."

자유에 반하는 행위에 한해 신중하게 적용해야 할 법이 오히려 집 안에서 키울 동물 같은 사적인 일까지 일일이 규제(지정)함으로써 자유를 제한하고, 세금 또한 사람들의 행위를 통제하는 수단으로 전락한 세태, 그런데도 아무런 문제의식을 갖지 않는 대중에게 마틴은 좌절하는 것이다.

민간에서 벌어지는 갈등과 문제해결을 위한 국가 개입 요구가 민주주의를 무너뜨린다면, 민주주의를 지키는 길은 자연히 그 반대일 것이다. 사실 민주주의에서는 사회에서 일어나는 구체적 갈등과 문제를 국가 권력이 아니라 당사자 스스로 해결하는 것이 원칙이다. 삶을 스스로 계획해서 실현할 잠재력을 발휘하는 사람이 개인이라면, 시민은 국가 권력에 단지 명령하는 사람이 아니라 각자의 그것을 제각기 추구하는 과정에서 불거지는 사회적 갈등과 문제를 해결하는 계획을 세우고 시행하는 사람이다. 공공성은 그렇게 서로 대립하는 이해를 조정하면서 만들어지는 "윤리코드"[83]이다. 그런 시민으로 구성된 공동체 시스템이 바로 민주주의의 근간인 자치이다. 그래서 민주주의 사회에서 사회란 곧 시민사회다.

그런 의미에서 한국에는 '사회'가 없다고 할 수 있다. 운

---

[83]　송호근, 『나는 시민인가』, 문학동네, 2015, p.375

동가로만 이루어진 한국 NGO 활동의 문제점을 얘기할 때 쓰는 '시민 없는 시민사회'처럼, 한국에서 시민사회는 기껏해야 경실련이나 참여연대 또는 그린피스나 굿네이버스 같은 시민단체로 한정된다. 정치 참여나 사회 참여를 얘기하면 정부와 국회 같은 중앙정치권 이슈에 촉각을 곤두세우고 목소리를 내거나 시민단체 행사에 참석하는 일 정도로 여기는 게 전부다. 공공성 또는 공공의식에 대한 인식도 이와 비슷하다. 신호등을 비롯한 국가 지시로서의 법과 질서를 지키거나 다른 사람에게 피해 되지 않게 조심하는 행동, 나아가 다른 사람이 그러한지 감시하는 태도라고 여긴다.

사회적 갈등과 문제를 국가 권력에 의지하지 않고 스스로 해결하는 일은 생각보다 그리 어렵지 않을 수 있다. 시민사회에서 가장 중요한 요소가, 전 분야에서 자발적인 조직망이 번창하고 이를 통해 사람들이 자기 문제를 해결해 나가는 것[84]이라면, 협회나 협의회, 연합회 등과 같은 각종 직능 단체의 확대가 그 시작이 될 수 있다. 학창 시절 나는 이를 이익단체라 하여 자기 이익을 위해 정부나 의회에 압력을 가하는 집단이라고만 배웠다. 그러나 각종 이익단체

---

84   강원택, 유진숙, 『시민이 만드는 민주주의』 박영사, 2018, p.263

가 자율적인 규율을 통해 자기 직업군이나 분야에 대한 대중의 신뢰를 높인다면, 그 또한 장기적으로 커다란 이익이 되는 활동이다. 공익은 사적 이익과 대립하는 것이 아니라, 멀리 보면 결국 사적 이득에도 부합하는 것이다.

현재 변호사협회의 자격증 관리·감독, 증권업협회의 협회사 감사·징계 등이 시행되고 있다. 이런 자율 규율 권한을 더 많은 직능 단체로, 또 더 많은 권한으로 차츰 확대한다면, 툭하면 '법의 사각지대'라면서 일상을 공권력의 그물망으로 촘촘히 덮으려는 시도가 멈춰지지 않을까? 공권력의 개입을 요청하지 않고 스스로 갈등과 문제를 해결하려할 때, 이를 다루는 능력 뿐만 아니라 자신에게 진정 무엇이 득이 되는지에 대한 장기적 안목을 키울 수 있고 민주주의도 지켜진다. 방임이 아니라 국가 권력에 의존하지 않고 않고 갈등 당사자들이 스스로 질서를 만들어가는 자율이 바로 자유의 실질적 모습이기 때문이다.

비치 The Beach

지상낙원이 지옥의 아수라장으로

✳

소수가 다수를 배려해야 하는 사회

오래전 신혼여행으로 피지에 가는 비행기 안에서 있었던 일이다. 10시간 이상 걸리는 거리라서 하룻밤을 비행기에서 보내야 했다. 대다수가 의자를 젖히고 담요를 덮고 있을 때 아기 울음소리가 들리기 시작했다. 고개를 돌려보니 한 엄마가 포대기에 싸인 아기를 끌어안고 달래고 있었다. 어른도 장거리 비행이 고된데 아기는 얼마나 힘들까? 아기는 쉽게 울음을 그치지 않았다. 몇 시간이 지속되자 급기야 승무원이 아기를 안고 달래면서, 기내식과 음료를 준비하는 갤리 공간으로 들어갔다. 승무원 여럿이 돌아가며 아기를 달래는 것 같았다. 아기는 좀처럼 울음을 그치지 않았다.

20년 가까이 된 일이고 그 뒤로 장거리 비행을 몇 번 더 했지만, 그때만큼 기억에 남는 때가 없다. 신혼여행 길이어서가 아니라 그 아기 울음소리를 몇 시간 동안 꼼짝없이 듣고 있어야 했던 괴로움 때문이다. 고통스러워 울부짖는 소리는 일상 소음이 있는 낮에도 듣기 힘든데, 고요한 밤에는 더 크고 강하게 신경을 자극한다. 엄마는 기진맥진한 나머지 포기해버린 듯했고, 나를 비롯한 다른 승객들은 그저 어서 빨리 시간이 지나가길 바라면서 견디는 수밖에 없었다.

만약 그곳이 비행기가 아니었다면 엄마와 아기를 내리게 하는 식의 조치를 취했을 수도 있다. 불편하게 하고 괴롭게 하는 이가 소수일 때, 그 원인을 제거해버리는 게 다수가 마음의 평화를 되찾는 가장 손쉬운 방법일 테니까. 영화「비치」에서 살과 그 무리가 자신들의 비밀 섬에서 다친 동료를 시체처럼 숲에 버렸듯이.

문명을 거부하고 이상만 추구하는 사람들의 집단주의

경쟁 없이 서로 배려하고, 생존에 필수적인 것들을 함께 나누며 평화로운 전원에서 생활하는 농부의 삶. 그런 소박하고 서정적인 목가적 삶은 인간이 곧잘 그리는 유토피아다. 그런 따뜻한 생활공동체에서 함께 살아가기 위해 필요한 최소한의 일을 하고 나머지 시간에 하고 싶은 일을 하면서 지내는 삶은 얼마나 자유로울까? 동명의 소설을 영화화한 「비치」의 리처드와 살, 그리고 살을 따르는 무리는 그런 이상향을 품은 사람들이다.

이들은 자연 외에 아무것도 없는 태국의 한 비밀 섬에 모여 산다. 개발되지 않은 태국의 자연을 좋아하는 그들 눈에는 서구인들이 몰려와 자본과 문명의 때를 묻히며 그 순수함을 오염시키는 듯했다. 이런 이들에게 피피섬은 오염되지 않은 순결한 장소였다. 이곳에서 그들은 자신의 이상 사회를 구현하고, 그곳을 비밀의 섬으로 만들어 세상과 단절한다. 자신들의 이상, 즉 섬의 순결을 지키기 위해서!

이들은 1960년대 히피처럼 노동, 질서, 가족, 안정성, 물질주의 가치관, 도시로 상징되는 문명의 번영을 거부하고 이와 상반되는 생활양식을 통해 자유와 해방을 추구한다. 그 자유와 해방이란 공동소유, 공동생활 속에서 무정부 상태에 가까울 정도의 무질서와 감각적 쾌락이다. 이들은 칸막이 하나 없는 곳에서 생활하고 잠도 각자 편한 곳에서 아무렇게나 잔다. 몇 달 동안 우기가 계속되어 물고기를 잡지 못하면 쫄쫄 굶으면서 꼬르륵거리는 뱃속 허기를 참고 지낸다.

방이 없어 사생활이란 개념도 없던 중세시대, 심지어 자본과 기술력이 없어 음식을 저장하지 못하던 원시시대와 다를 바 없는 생활조차 불평 없이 받아들이는 이들이 도무지 견디지 못하는 것들이 있다. 메이크업 리무버, 건전지, 뽀송뽀송한 휴지, 강력한 세정력이 있는 비누, 콘돔 등 자본주의 산업이 낳은 꾸밈과 오락, 위생이다. 섬을 찾아온 애초의 의도와 정반대로 그들의 몸은 이미 물질문명과 떼려야 뗄 수 없는 상태였던 것이다.

이들의 진짜 한계는 다치는 사람이 생기면서 극명하게 드러난다. 물고기를 잡다가 두 사람이 상어에 물리는 불상사가 발생하고, 그 둘은 가까스로 해변에 다다른다. 해변에 있던 몇몇 사람은 우왕좌왕 난리가 나고, 결국 한 사람을 해변에 내버려두고 다른 한 사람만 거처로 옮겨온다. 한 사람을 해변에 남겨둔 건 살아날 가망이 없어서가 아니다. 살릴 수 있는 상태이지만 둘 다 옮기기에 손이 모자랐기 때문이다. 그는 치료받지 못해 산 채로 방치되다 결국 죽는다.

거처로 옮겨진 다른 한 사람의 운명 역시 다를 바 없다. 아니, 그가 겪어야 할 고통은 어쩌면 해변에 버려진 사람보다 더하다. 그는 현대 의료의 치료가 필요한 상태였지만, 부상이 너무 심해 배를 타고 섬을 나갈 수도, 그렇다고 해서 의사를 섬에 데려올 수도 없다. 섬의 존재를 비밀로 유지하는 건 섬의 순결성을 지키는 일의 핵심이기 때문이다. 어쩔 수 없이 이들은 아무런 처치도 하지 못한 채 거처 한

구석에 그를 눕혀놓고 함께 지낸다.

하지만 그조차 오래가지 않는다. 견디기 힘든 장거리 비행의 불편 때문에 계속해서 울어대며 호소했던 그 아기처럼, 상처가 악화되면서 그가 끊임없이 신음소리를 내며 괴로워했기 때문이다. 신음소리는 듣고 있는 것만으로 고문에 가깝다. 오죽하면 신음소리를 듣게 하려고 가족을 옆방에 가두어 고통스러운 소리를 내게 하는 고문까지 있을까? 급기야 사람들은 가족과 마찬가지였던 그를, 더 이상 자기들 눈과 귀가 미치지 않는 곳에 두기 위해 산 채로 숲에 버린다. 그렇게 되찾은 평화로 섬은 다시 천국이 된다.

다친 동료를 감당하지 못해 보이지 않는 곳에 버림으로써 일상을 되찾는 무책임하고 이기적인 모습은, 극단적인 상황이긴 해도 과거 히피의 무능함과 얄팍한 평화주의뿐 아니라 집단주의 사회의 본질을 드러낸다. 외부와 단절하고 다른 가치관이나 생각, 행동을 거부하면서 집단에 부합하는 사람만 받아들이는 하나됨 추구는 서로 다를 수밖에 없는 인간을, 그로 인해 불가피하게 벌어지는 예상 외의 상황을 허용할 수 없기 마련이다.

칸막이 없는 주거 공간에서는 각자 자기 자신으로 침잠할 수 있는 사생활을 가질 수 없다. 자기만의 내면을 가꿀 틈이 없는 이들의 자유와 해방이 즉각적으로 경험할 수 있는 감각적 쾌락에 머무는 건 당연하다. 미국 문화 전문가 크리스티앙 생 장 폴랭에 의하면, "(히피의) 반문화가 표출하는 개인주의는 집단적 사고방식에 군건히 닻을 내린 채 자유를 요구하던 옛 투쟁의 다른 얼굴"[85]이었다. 비밀 섬에 모여든 청년들의 지상낙원이 결국 지옥의 아수라장이 되어버린 원인도 그것이었다. 자유의 이상을 감성적으로만 그리며 다름을 허용하지 못하는 폐쇄적인 가치관과 태도다.

집단주의 문화의 자유와 개인주의 사회의 자유

열흘 명상을 마치고 서울로 돌아오는 고속버스를 탄 적이 있다. 명상센터에서 알게 된 사람과 함께 탔다. 나란히 앉으면 계속 얘기하게 될 것 같아 앞뒤로 앉았으면 했는데 맨 뒤 좌석에 함께 앉게 됐다. 역시나 그가 말을 걸었고, 나도 답하면서 우리는 작은 목소리로 대화를 이어나갔다. 버스 안에는 우리 목소리만 들렸다.

휴게소에서 한 번 쉬고 다시 출발한 지 얼마 되지 않았을 때였다. 갑자기 앞에서 큰 목소리가 들렸다. 자연히 그

---

85   크리스티앙 생-장-폴랭, 『히피와 반문화: 60년대, 잃어버린 유토피아의 추억』, 문학과지성사, 2015, p.236

쪽으로 고개가 돌아갔다. 목소리 내는 사람과 눈이 마주쳤다. 그는 잔뜩 화가 나서 우리에게 소리쳤다.

"저기요! 거기 뒤에 두 분! 다 같이 타고 가는 버스잖아요?! 이제 얼마 남지도 않았는데 좀 조용히 해주세요!"

그에게는 우리의 대화 소리가 흡사 그 비행기의 아기 울음소리처럼, 아니면 비밀의 섬 다친 동료의 신음소리처럼 괴롭게 거슬렸던 걸까? 며칠을 꾹 참다가 다친 동료를 숲에 버리듯, 우리를 버스에서 내리게 할 수는 없으니 여태 꾹 참다가 폭발한 나머지 역정으로 제압하고자 했던 걸까?

대중교통에서 일행과 소리 내어 이야기하는 행동이 옳지 않다고 생각할지도 모른다. 시드니에 사는 한 한국인이 올린 영상에서도 이를 엿볼 수 있다. 그는 호주 전철 탑승객 모습을 '사려 깊지 않은 사람들'이란 제목으로 공유했다. 영상 속 사람들은 일행과 작지 않은 목소리로 대화하고, 서로 장난치며 웃고 떠든다. 심지어 스피커폰으로 통화하거나 좌석에 발을 올리는 사람도 흔하다고 한다. 하지만 주변 승객은 이를 개의치 않고 제지하는 사람도 없다며 어이없다는 듯 설명했다. 영상을 올린 사람은 적막 같은 한국 지하철 탑승객 모습을 함께 올려 비교하면서 한국인이 타인을 배려하는 행동양식을 갖고 있다고 말하는 듯했다.

대중교통에서 조용히 하는 것이 정말 배려와 존중일까?

한국에서는 대중교통에서 어떤 행동을 무개념이라며 몰래 촬영해 온라인에 올리고 조리돌림하는 것부터, 우리에게 화낸 승객처럼 대놓고 제지하거나 윽박지르는 경우도 있다. 몇 해 전, 제주행 비행기에서는 갓 돌 지난 아기가 울자 옆자리 승객이 그 아이와 부모에게 어른은 피해받아도 되냐며 욕설을 하고 고성을 지른 사건도 있었다.[86]

과거엔 종종 주위 사람이 어떨지 아랑곳하지 않고 자기가 하고 싶은 대로 행동하는 경우가 많았다. 타인에게 피해를 준다는 이유로, 특히 대중교통에서 정숙을 강요하는 것은 그런 과거 경험에 대한 반발 작용이다. 하지만 배려란 아무런 억압 없는 상태에서 이루어지는, 전적으로 자발적 행동으로서 타인의 자유와 자율성을 인정할 때에 가능하다. 대중교통에서 정숙하는 것이 배려라기보다 눈치 보기나 압박으로 인해 내면화된 태도라면, 이는 강요된 규범이다. 작금의 현상처럼 소위 타인에게 피해를 주지 않으려는 배려가 도덕적 강요나 공중도덕이라는 이름 아래 과도하게 작동할 때, 그런 분위기 속에서는 개인의 자율성과 고유성이 억압된다. 서울과 시드니의 지하철 모습만큼 한국과 다른 곳은 또 있다. 미국 영화관이다. 한국에서 영화관은

---

86   「"어른은 피해 봐도 돼?"…옆 좌석 아이 운다고 기내에서 욕설」, KBS, 2022. 8. 15

당연히 정숙해야 하는 곳이다. 떠들다 쫓겨나도 할 말이 없을 정도다. 반면, 미국에서는 영화를 보며 감정을 표현하느라 관객이 소리치며 환호하고, 심지어 일어서서 다소 소란스럽게 굴어도 자연스러운 모습으로 받아들인다. 유튜브 채널 피식대학의 피식쇼[87]에 출현한 배우 브라이스 달라스 하워드와 샘 록웰은 자신도, 가족도, 친구도 그런다면서 콘서트에서 노래를 크게 따라 부르는 것과 같다고 설명한다.

이렇게 상반된 모습은 물론 문화차이다. 낯선 다중이 모이는 장소에서 정숙해야 하는지 아니면 어느 정도 소란을 허용해도 되는지에 대한 정답은 없다. 이런 가치 선택이나 선호는 결국 다수가 지지하는 쪽으로 결정되기 마련이다. 다만 한국에서는 단지 선호에 불과한 생활양식이 다수가 지지한다는 이유로 자칫 강요나 소수에 대한 억압이 될 소지가 적지 않다는 경향성이 문제다.

외국에서는 그저 에티켓에 지나지 않는 행동이 한국에선 공중도덕이란 단어로 지칭됨으로써 각자의 내면적 준칙인 도덕적 의무처럼 인식되곤 한다. 더욱이 이것은 한국에서 흔히 선으로 여겨지는 '공공'과 결부됨으로써 별다른

---

87 「브라이스 달라스 하워드, 샘 록웰에게 세뱃돈 얼마 줬냐고 묻다」 유튜브 '피식대학', 2024. 2. 11

의심 없이 누구나 마땅히 지켜야 하는 '옳음'으로 내면화될 수 있다.

이런 무의식의 작용은 다수의 선호에 어긋나는 행동을 나와 공동체의 평화와 질서를 어지럽히는 불의로 받아들이게 만들기 쉽다. 그로 인해 다중 시설에서 다른 사람 행동을 몰래 찍어 올리는 "도덕경찰"[88]이 등장하고, 낯선 사람에게 갑자기 욕설을 하거나 윽박지르는 일이 생기는 것 아닐까? 내가 타인을 배려하려고 노력하듯이 타인도 그러리라 기대하는 것이 개인주의적 태도이건만, 이런 여건에서는 타인을 나와 도덕적으로 평등한 존재로서 신뢰하기가 쉽지 않다.

「비치」의 살과 그 무리처럼 집단을 우선하는 사회에서는 필히 다수의 이익이나 선호에 부합하지 않는 소수는 배제되고 억압된다. 집단주의 문화에서 자유는 '타인에게 피해 끼치지 않는 한'이라는 막연한 도덕주의적 기준 아래에서, 다수가 허용한 행동으로 국한된다. 다수가 소수를 배려하는 게 아니라 소수에게 다수에 대한 배려를 강요하는 셈이다.

물론, 개인에 방점을 두는 사회에서도 다수의 선호는 중

---

88   이진우, 『프라이버시의 철학』, 돌베개, 2009, p.231

요한 결정 기준이다. 다만, 다수의 선호가 주류가 되어도 다수와 다른 소수의 자유 또한 존중받는다. 시드니 지하철에서 일부 승객이 소란을 피우더라도 이를 제지하지 않는 이유는, 타인 신체와 소유물을 침해하지 않는 한 어느 정도의 불편을 감수하더라도 개인의 자유를 존중하는 게 낫다고 여기기 때문이다. 그런 관용은 자신의 자유가 존중받는 토대가 된다.

철학자 이진우는 차이(다름)를 허용하는 정도가 문화 민주주의[89] 수준을 결정한다고 본다. 그 태도가 "개인 인권과 존엄을 전제"하기 때문이라면서 "우리 사회는 개인에게 얼마나 많은 자유를 허용하는가? 다른 사람의 다른 욕구와 가치를 사회적으로 얼마나 인정하고 감내할 수 있는가?"[90]라고 그는 묻는다. 한 사회에서 개개인이 누리는 자유의 크기는 다수가 얼마나 관용적 태도를 보이느냐에 달려 있다. 소수가 다수의 선택을 존중하는 만큼 다수에 속한 사람이 역시 소수에 속한 사람의 욕구와 가치를 인정하고 포용할 때 진정한 자유가 보장되는 것이다.

---

89   문화 전반에 민주주의적 가치가 얼마나 스며들어 있는지를 뜻한다.
      즉, 민주주의가 단순히 제도나 절차에 머무르지 않고, 생활 전반에 내면화되어 있는
      상태를 의미한다. 철학자 이진우가 자주 쓰는 개념으로, 정치 시스템이 아닌 문화
      차원에서 민주주의를 평가하려는 시도이다.
90   같은 책, p.19

관용은 오직 자유 안에서 자란다

최근 휴가를 보낸 오키나와에서 한국인 업체를 통해 자동차를 렌트한 덕에 일본의 도로교통 시스템을 알게 되었다. 평소 촘촘하게 설치되어 있는 속도위반 감시카메라, 좁은 골목이나 인적이 드물고 몇 걸음이면 되는 짧은 건널목까지 여지없이 꽂혀 있는 보행자 신호등에 큰 불만을 갖고 있던 나는 일본의 도로교통 시스템이 솔깃했다. 선진국에서는 클락션을 거의 누르지 않는다고 하는 운전 습관의 비밀을 알 수 있었다.

그동안 나는 그 이유를 보행자를 우선하는 마인드, 답답한 상황에도 느긋하게 기다릴 줄 아는 여유로운 생활 태도 같은, 주로 인격적 성숙의 측면에서 찾았다. 한국에서 클락션 소리가 점점 적어지는 것도 운전자들의 의식적 노력 덕일 것이다. 그런데 일본에서는 굳이 의식하지 않아도 클락션을 누르지 않게 된다. 한국에선 곧잘 클락션을 누르던 남편도 오키나와에서 운전하는 동안에는 클락션에 손을 올린 적이 없었다.

비결은 시스템에 있었다. 일본은 차선과 신호등이 매우 단순하다. 일본의 신호등은 세 가지밖에 없다. 정지를 의미하는 빨간불, 통과를 의미하는 파란불, 그리고 신호 변경을 예고하는 황색불이다. 빨간불에선 우회전(한국 기준)하는 차량을 제외하고 무조건 정지고, 파란불에선 어떤 방향으로 가는 차량이든 전부 움직일 수 있다. 파란불이면 당연히 맞은편 차량도 주행하는데, 반대 차선에서 좌회전하려는 차 역시 가장 왼쪽 차선 끝에서 기회를 엿보다가 이때 통과해야 한다. 즉, 원칙적으로 좌회전 신호가 없는 비보호 좌회전인 것이다.

차선도 그렇다. 좌회전 차선이 따로 없다. 차선이 끊어지는 교차로 지점만이 아니라, 어디서든 좌회전해야겠다 싶으면 도로 중간에 멈춰서 반대편에서 차가 오는 정도를 보면서, 자기가 가로질러 가도 안전하겠단 판단이 들 때 차를 돌린다. 물론, 차량 통행이 많은 곳에는 짧은 좌회전 차선과 좌회전 신호등을 따로 마련해놓기도 한다. 그런 곳에서도 좌회전 신호와 상관없이 파란불일 때 상황을 봐서 좌회전할 수 있다. 좌회전 신호등은 맞은편에서 오는 차가 많아 좌회전 기회를 잡기 어려운 경우를 위한 보완 조치일 뿐이다.

직진 차선에서 좌회전이나 유턴하겠다고 서면 내 뒤에 따라오던 차도 따라 서게 된다. 뒤차 입장에선 이럴 때야말로 가차 없이 클락션을 누를 순간이련만, 일본과 같은 교통 시스템에서는 클락션을 누르는 차가 오히려 빌런이다. 나는 여기서 왼쪽 골목으로 들어가야 하고 맞은편에서 차가 계속 오는데 어쩌라고? 직진해야겠으면 옆 차선으로 비켜서 가든가 아니면 기다려줘. 이렇게 될 수밖에 없다. 렌터카 업체 사장은, 일본에서 운전자는 오직 자기가 바라보는 앞만 집중할 뿐 뒤차 주행에 대해서는 신경 쓸 필요가 없다고 설명했다. 그러다보니 신호위반을 단속하는 경우가 거의 없고, 굳이 곳곳에서 속도위반 감시를 하지 않아도 전체적으로 주행 속도가 감소한다고 한다.

좌회전하려는 차를 피해갈 여건이 되지 않으면 뒤차는 기꺼이 앞차를 기다려준다. 그 차 뒤로 몇 대가 늘어서 있든 아무도 앞차를 재촉하지 않고 기다린다. 단 한 대의 차가 자기 목적을 이룰 수 있게 다수가 배려하는 것이다. 운전자는 자기 판단에 따라 운행을 결정하고, 다른 운전자는 그 운행을 존중하고 관용(배려)한다. 이는 교통법규가 기본 질서를 형성할 수 있는 최소한의 가이드라인만 제시하고 나머지는 사용자들에게 맡겨 스스로 운영하게 하는 자유(자율) 시스템 덕이다.

촘촘히 신호등을 박아 놓고 좌회전, 유턴 일일이 신호등 지시를 따르도록 하면서 자율성이 발휘될 범위를 축소할수록 사회는 각박하고 삭막해진다. 가고, 서고, 회전할 때마다 일일이 지시받는 방식에 익숙해 있으면 예상치 못한 머뭇거림이나 다른 사정을 용납하거나 이해해주기가 어렵다. 촘촘히 세워진 신호등에 따라 꽉 짜인 질서를 조금이라도 해치는 행동은 단박에 클락션 소리로 응징해야 할 악이 된다. 골목을 돌 때마다 어떻게 해야 하는지 알려주는 지시등은 사용자가 상황을 스스로 판단하고 결정해서 행동에 옮길 기회를 박탈하고, 자연히 관용의 태도를 취할 여지도 갖기 어렵게 만든다. 하이에크는 집단주의·전체주의 사회에서는 친절과 신뢰 그리고 관용 같은 미덕이 자리 잡기 어렵다고 지적했다. 배려와 관용은 오직 자유 속에서 자라는 덕성인 것이다.

완벽한 타인

핸드폰 하나로 난장판이 된 모임

*

프라이버시는 공동체를 지탱한다

연인이나 부부 사이에 핸드폰 비밀번호를 공개할 것인가 말 것인가. 이는 인터넷이나 SNS에 곧잘 등장하는 이슈다. 댓글에서도 의견이 분분하다. 합의하에 공유하라, 상대방 비번 공개를 조건으로 알려주라는 등 조언이 다양하다. 기혼자 중에는 분실 등을 이유로 배우자와 같은 비번으로 설정해놓는 경우도 있다. 알고만 있을 뿐 서로 보지는 않는다고 한다. 프라이버시를 존중해서라기보다는 별로 궁금하지 않아서다. 상대방 비번을 알고 싶어 하는 사람은 보통 이렇게 생각한다.

'숨길 것이 없으면 핸드폰을 보여주지 못할 이유가 없다. 비번을 공개하지 않는 건 보여줄 수 없는 뭔가가 있기 때문

이다. 당당하면 까 봐라!'

새로 이사한 고향 친구 집에 부부 동반으로 모인 중년 남녀 네 쌍의 게임도 그렇게 시작된다. '식사하는 동안 수신되는 전화, 문자 메시지를 전부 공유하자!'

부부 사이뿐만 아니라 친구 사이에도 숨길 것 없이 떳떳하다면, 오늘날 가히 일상의 모든 것이 담긴 핸드폰을 그 자리에서 마땅히 서로 공개할 수 있어야 한다. 이런 생각 때문에, 둘 사이도 아니고 여럿이 있는 자리에서 누군가 그렇게 제안하면 거부하기가 쉽지 않다. 늦은 저녁은 사적이고 비밀스러운 연락이 올 법한 시간이다. 역시나 친구나 배우자로서는 전혀 생각지도 못했던 연락이 오고, 그 내용이 실시간 공유되면서 화기애애하던 분위기는 배신감과 당혹감으로 점철된다. 아무에게도 밝히고 싶지 않은, 또는 밝힐 수 없는, 정제되지 않은 날것 그대로의 욕망이 드러나면서 그들 관계를 묶어주던 도덕과 위선에 균열이 일어난다.

프라이버시가 사적 공동체에서도 지켜져야 하는 이유

영화는 한 인간의 삶이 세 가지로 구성돼 있다고 말한다. 공적인 삶, 사적인 삶 그리고 비밀스러운 삶이다. 공적인 삶은 대체로 직업적인 사회생활이고, 사적인 삶은 가족이나 친구와 함께하는 생활이다. 영화 속 인물들은 어릴 때부터 친밀한 사이를 오랫동안 이어온 가족이나 다름없는 사이다. 서로가 서로의 사적인 삶을 구성하는 관계다.

비밀스러운 삶이란 다른 누구와도 공유하지 않는 생활이다. 비밀스러운 삶의 핵심은 오로지 자기 자신이다. 즉, 프라이버시다. 프라이버시는 사생활이란 단어로 표현되지만,「완벽한 타인」에서는 사생활을 의미하는 사적 삶보다 작은 범위의 삶을 가리킨다. 가족과 같은 친밀한 집단과도 구분되는 개인의 내밀한 영역이다.

흔히 가족을 사적 집단이라고 한다. 그러나 엄밀히 가족은 사적이기만 한 건 아니다. 가족은 사적 삶을 구성하는 생활을 함께하는 사람이지만, 하나의 공동체이기 때문에 가족 자체가 하나의 주체로서 프라이버시를 가질 수는 없다. 온 가족이 방 한 칸에서 지낼 때, 그런 가족 구성원에게는 프라이버시가 존재할 수 없다.[91] 프라이버시는 각자의 방 안에 있는 것이고, 가족이라는 집단의 공간은 구성원 각자의 프라이버시가 일부 공유되는 곳이다.

영화 속 배경이 굳이 레스토랑 같은 외부 공간이 아니라 한 친구 부부의 집 안 다이닝룸이라는 설정도 이와 무관하지 않다. 지극히 사적인 공간 안에서, 친구 모임이라는 사

---

91   이진우,『개인주의를 권하다』, 21세기북스, 2022, p.148

적 공동체와 핸드폰으로 상징되는 개인(프라이버시)을 구분해 보이려는 의도가 읽힌다. 왜 이런 구분이 필요할까? 집은 구성원 각자의 프라이버시가 공유되는 사적 공간이면서도, 여러 개인이 함께 머무는 이상 공적 성격도 띠는 곳이기 때문이다.

오늘날 사회를 형성하는 주체는 개인이고, 개인이 모여 만들어진 공동체가 곧 사회다. 그런 공동체는 공적 영역으로 간주된다. 그렇다면, 가족은 사회 이전에 개인이 모여 만든 첫 번째 공동체라는 점에서 가족 역시 나름의 공공성을 갖춰야 하는 공동체다. 가족만큼 사적인 관계인 친구 모임 또한 다르지 않다. 따라서 프라이버시를 존중하고 보호하는 일은 가족·친구 같은 사적 관계에서도 지켜져야 할 개인의 기본 조건이다.

개인은 왜 서로의 프라이버시를 존중하고 보호해야 할까? 자유 때문이다. 앞에서 다루었듯이 자유는 단순히 하고 싶은 대로 하기 위한 것이 아니다. 인간은 외부 억압이나 강제, 감시가 없는 상태일 때, 자기 내면에 집중하며 자기가 어떤 사람이고 삶에서 무엇을 지향하는지 발견할 수 있다. 나아가 그 고유성을 실현하기 위해 계획하고 행동하며, 그 결과에 대한 책임도 질 수 있다. 자유가 중요한 건 그 때문이고, 개개인에게 그런 자유는 실질적으로 프라이버시라는 형태로

체현되기도 한다. 프라이버시 존중은 그래서 필요한 것이다.

영화에서는 동성애, 험담, 훔쳐보기 등 다른 사람에게 함부로 내보일 수 없는 저마다의 속사정이 나온다. 개인주의 측면에서 이러한 행위는 외부 상황의 압력 속에서 각자 자기 자신을 보존하는 방법이다. 가령 험담 같은 행위는, 때로 자신과 맞지 않는 환경이나 사람들에 대한 불만과 긴장을 해소함으로써 자기 자신을 외부에 휘둘리지 않도록 지키려는 시도로 볼 수 있다.[92] 불륜이나 바람 또한 도덕적 판단과는 별개로, 관계 속에서 채워지지 않는 욕망이나 감정을 자기 방식으로 드러내려는 수단으로 볼 수도 있다. 물론 모든 표현이 정당화될 수는 없지만, 그 욕망의 기저에는 '자기 자신으로 존재하고 싶다'는 열망이 자리한다. 이처럼 프라이버시는 도덕주의[93] 등 각종 사회적 압력에서 벗

---

92 여기서 험담(또는 뒷담화)은 다른 사람의 명예를 훼손해서 자신이 어떤 이득을 취하려는 식의 악의적 목적을 가진 폭로를 의미하지 않는다. 그 누구도 한결같이 좋거나 한결같이 싫기만 할 수는 없다. 가족 간에도 마음에 안 들고 불만스러운 면이 있기 마련이다. 누군가를 험담한다고 해서 그를 아끼지 않는 것이 아니다. 험담은 그 대상과 면전에서 진지하게 풀어야 할 문제가 아닌 가벼운 불만을 다른 사람과 얘기하면서 푸는 일종의 정화 작용이다. 그로써 험담의 대상과 오히려 관계를 건전하게 이어나가게 해준다. 인간은 사회생활을 하며 가면을 쓸 수밖에 없는데, 험담을 할 때에는 그 가면을 벗고 잠시 동안 온전한 자기 자신으로 돌아갈 수 있다. 그런 측면에서 일종의 프라이버시라는 것이다

93 오구라 기조가 『한국은 하나의 철학이다』에서 한국 사회를 진단한 단어로, 자신은 실제로 도덕적이지 않으면서도 어떤 일이나 타인 행동 등을 도덕 관점으로 바라보고 받아들이는 태도를 의미한다.

어나 자기실현을 가능하게 하고, 가족, 친구, 사회 등 다양한 공동체에서 개인으로서 맡은 역할을 지속적으로 수행할 수 있게 만든다.

한국에서는 가짜 뉴스 전파를 막겠다는 명분으로 메신저 검열 등의 정책 입법을 시도한 사례가 있다. 연인이나 부부 사이, 또는 「완벽한 타인」처럼 사적인 관계에서 하는 '당당하면 까 봐'의 논리가 공적 영역으로 퍼진다고 해야 할까? 가짜 뉴스 확산은 세계적인 현상이지만, 자유민주적 사회에서는 메신저 검열과 같은 방법을 대응책으로 삼지 않는다. 단지 표현의 자유 때문이 아니라 프라이버시 때문이다.

프라이버시와 공적 영역의 경계가 허물어지면 개개인은 자기 의사를 스스로 결정하고 책임질 수 없다. 스스로 결정하고 책임지는 능력이 약화된 사람들은 더 이상 자기 자신은 물론, 사회의 주인이 될 수 없다. 프라이버시를 건드리면 아무리 훌륭한 공익을 달성하기 위한 정책이라 해도 도리어 그 공동체를 파괴하게 된다. 영화 「완벽한 타인」처럼.

도덕은 공동선이 아니라 나를 위한 것

험담이나 훔쳐보기, 불륜 같은 행동이 부도덕한 건 분명하다. 그러나 누군가의 도덕성을 다른 사람이 심판할 수 있을까? 「완벽한 타인」에서 파국을 초래한 핸드폰 공개 게임은 자신의 도덕적 떳떳함을 증명해 보이려다가 시작되었다. 그 결과는 핸드폰 게임을 처음 제시한 예진은 물론이고 게임을 받아들인 사람들 모두의 위선만 드러냈다. 타인에게 도덕을 강조하는 건 자타 모두의 위선으로 귀결되기 마련이다.

도덕이 곧 사회 질서의 근간이었던 조선 시대의 사대부는 청렴을 강조했지만, 그 가운데 실제로 청렴한 선비는 많지 않았다. 퇴계 이황이나 윤선도처럼 청렴하다고 알려진 선비 가운데 많은 사람이 자기 명의가 아니라 자기 휘하에 있는 노비 이름으로 땅이나 재산을 모았다.[94] 집단적으로 특정한 가치를 강조하는 환경에 처하면 인간의 관심은 자기 자신보다 타인의 시선을 의식하게 된다. 그 기준에 어긋나지 않기 위해 무의식적으로 자신의 속내를 억누르거나

---

94 "그러면서도 선비들은 자기가 가난하다거나 세속에 뜻이 없어 자연에 묻혀 산다는 둥 하는 얘기들을 했는데, 이는 "가진 자의 정신적 허세일 경우"가 많았다. "퇴계 이황의 장남은 360여 명의 노비를 거느렸고, 문신이자 시인인 윤선도 집안에는 700여 명의 노비가 있었다. 15세기에서 17세기 고위 관료를 지낸 양반의 경우 대체로 500~600명의 노비를 보유했다." 땅과 노비로 상징되는 경제력을 지닌, 대지주였다는 말이다. 이 때문에 제임스 팔레 같은 연구자는 "1850년 무렵 미국 남부에는 34만 7000여 명의 노예 소유주가 있었는데 100명 이상 노예를 소유한 사람은 1,800명을 넘지 않았다"는 점을 들어 그보다 더한 조신 사회를 노예제 사회로 규정하는 게 맞다고 했다."
– 「"도덕에 숨겨진 욕망의 민낯…'헬조선'은 우연이 아니다"」 한국일보, 2018. 3. 3 중

숨기게 되기 마련이다.

더구나 도덕주의가 공익이나 공동선 또는 정의와 결합하면, 앞서 설명했듯 타인을 통제하고 제약하고 처벌하려 드는 현상이 나타난다. 이는 사람들 사이에 필연적으로 도덕적 우열을 만든다. 타인을 비난하고 엄벌하려는 사람은 도덕적 우위에 서며, 통제·제약·처벌받는 사람은 열등한 인간이 된다. 이 때문에 개인(주의) 관점에서 소위 "도덕경찰"이라 불리는 행위는, 공익을 위하는 선한 의도라 하더라도 자기 도덕성을 해치는 결과로 이어지기 쉽다.

언젠가 '임산부석'이란 제목의 그림을 본 적 있다. 지하철에서 임산부가 앞에 서 있는데 한 노인이 임산부석에 앉아 심통 가득한 얼굴로 낙태 반대 팻말을 들고 있는 모습이었다. 자기 행동이 어떤지 객관적으로 인식하지 못하고 안하무인격으로 자기주장만 하는 모습을 지적하고자 한 의도였을 텐데, 안타깝게도 그 또한 타인을 도덕적으로 심판하는 것에 지나지 않았다. 그림 속 노인은 흔히 '틀딱'이라는 멸칭으로 불리는 이들에 대한 혐오 표현이었고, 그들을 한심한 구제 불능으로 바라보며 도덕적 판단을 하는 듯했기 때문이다.

일상에서 우린 종종 타인의 부적절한 행동을 목격한다. 길에 쓰러져 있는 사람을 돕지 않고 무심히 지나간다든지, 힘들어 보이는 노약자에게 자리 양보를 하지 않는다든지 하는 것들이다. 그럼 곧잘 비난하는데, 그 비난이 때로는 그 사람의 도덕적 인성을 깎아내리는 비하로 이어지기도 한다. 단지 그 행동이 바람직하지 않은 게 아니라 그런 행동을 하는 사람 자체가 부도덕한 인간이라고 인식하고 마는 것이다.

누가 새치기를 하면 정중하게 주의를 주면 될 텐데, 그러지 않고 뒤에서 욕하며 분노를 삭인다. 아니면, 버스에서 내게 고함쳤던 승객처럼 거칠게 폭발하기도 한다. 어떤 이들은 세상이 각박하다고 투덜거리며 사람들에게 배려심을 강조한다. 대체로 도움이나 양해가 필요할 때 선뜻 부탁의 말을 건네지 못하고 다른 사람이 알아서 돕길 바라다가 그 기대가 좌절됐을 때 표출하는 반응들이다. 상대방이 실제로 어떤 사람인지 확인하지 않은 채 일방적으로 나쁜 사람으로 만들어버리고, 그 과정에서 자신도 모르게 생기는 도덕적 우월감으로 자신의 좌절감을 상쇄하는 셈이다.

법륜 스님은 조심해야 할 사람으로 불량배나 범죄자처럼 나쁜 짓을 저지르거나 말썽 일으키는 사람이 아니라 '착하고 바른' 사람을 꼽는다. 누가 봐도 부적절한 행동을 하면 비난받기 마련이고, 그런 행동을 한 사람 역시 겉으론 반발할지언정 본인들도 잘못이라는 걸 어느 정도 인식한다. 반면, 줄곧 착하고 바르다는 칭찬만 받아온 사람은, 겉으로는 겸양을 보여도 속으로는 '나는 그 누구보다 착하고 바른 사람'이라는 자아상이 단단하게 자리 잡고 있을 수 있다. 그래서 종종 실수나 잘못을 반복하는 사람보다 늘 바른 행동을 해온 사람이 오히려 자기 생각을 고집하며 독선적인 모습을 보일 가능성이 더 높다는 것이다. 그런 사람에게 반성과 성찰은 문제를 일으킨 사람 몫이지 자신에게는 해당하지 않는다. 그러나 도덕이란 프리즘은 자기 자신에게 비출 때 유효하다. 타인에게 비출수록 손해는 자기 자신에게 돌아오게 된다.

서구인은 대체로 낯선 사람에게 우호적이다. 서로가 서로를 배려하려 노력한다고 믿기 때문이다. 그것이 낯선 사람이라도 인간으로서 신뢰하는 고신뢰 사회를 만드는 개인주의 문화다. 이러한 오픈 마인드는 보편적 인간에 대한 신뢰가 낳은 습속이다. '개인' 인간관의 형성 기원인 양심의 개별성과 보편성, 즉 인간은 각자 신의 심판 기준이 될 양심뿐만 아니라 그 양심을 지킬 이성과 그에 대한 책임 능력을 누구나 갖고 있다는 인식이다.

이 양심의 개별성과 보편성이 개인의 보편성과 개별성 개념으로 발전했다. 인간은 그 누구도 특정 신분이나 소속에 속해 있지 않은 (사회적으로) 평등한 존재이며, 그러므로 누구나 각자 개별적인 존재라는 인식이다. 정치적 권리와 의무의 평등은 이러한 인식 진화의 최종 산물이다.

존중은 그저 서로 다르니까 간섭하지만 않으면 되는 게 아니라, 내가 유일무이한 사람이듯이 저 사람도 그렇고, 내가 좋은 사람이 되려고 애쓰듯 저 사람도 그렇다는, 도덕적으로 평등한 인간관을 전제할 때 진정성이 있다. 이런 인식에 바탕하지 않으면 타인에 대한 존중 같은 개인적 도덕, 나아가 인권 같은 사회적 권리 실천은 수박 겉핥기에 그치기 마련이다.

전근대와 근대를 구분하는 대표적 차이 가운데 하나가 도덕이다. 전근대의 도덕이 사회적인 것이었다면, 근대의 도덕은 개인적인 것이다. 전근대 시대, 특히 조선에서 국가 운영의 근간을 이루던 충효 사상은 강제적인 성격을 띠었고, 도덕은 정치 행위의 주요 수단이었다. 도덕은 '나'라는 개인을 위해서가 아니라 다른 사람과 내가 소속된 집단을 위한 규율이었다.

반면 근대 시대에 도덕은 정치에서 분리되어 개인 영역에서 다뤄야 할 덕목이 되었다. 그러한 도덕의 중심에는 자기 자신이 있다. 도덕은 타인을 배려하는 게 아니라 자기 자신을 배려하기 위한 덕목이고, 그레시 타인에게 상요하거나 또는 도덕으로 타인을 구속할 수 없다. 개인의 도덕은 다른 사람이 아닌 나 자신에게 증명해야 할 나만의 원칙이다.

더 좋은 공동체, 소위 사람 냄새 진동하는 따뜻한 사회를 만드는 건 타인의 부도덕성을 제거하는 게 아니라 오히려 자기 자신에게서 부족함을 발견하고 받아들일 때 가능하다. 이를 통해 자신과 타인에 대한 도덕적 인간관을 갖게 되면, 쓰러진 사람을 그냥 지나치거나 노약자에게 자리를 양보하지 않거나 문 앞에서 뒷사람을 챙기지 않는 모습 따위를 지적하지 않고, 그저 묵묵히 자기가 그들을 돕는다. 자신도 부지불식간에 그랬던 적이 있을지도 모른다고 생각하면서. 그런 이해와 행동이 곧 친절이자 배려이며 겸손이고, 나아가 죄는 미워하되 사람은 미워하지 않을 수 있도록 행위와 행위자를 구분 지어 개개인의 인권 보호와 자유를 향상시킬 수 있다.

타인에 대한 배려보다 자기 프라이버시 보호하기

명상센터에서 집으로 가는 버스에서 조용히 하라며 역정 듣기 한참 전부터 사실 나는 일행과 얘기하는 게 무척 불편했다. 그저 안면 있을 뿐인 사람과 나란히 앉아서 가는 어색함을 해소하기 위한 의미 없는 대화여서만이 아니었다. 당신들 둘만 타고 가는 버스 아니니 조용히 하라고 우리를 윽박지른 그 사람의 지적처럼 나도 버스를 꽉 채운 승객들이 신경 쓰였다. 다들 아무 소리도 내지 않고 있어서 우리 말소리만 들리는 상황이었기 때문이다.

하지만 내가 우려한 건 그 사람의 불만과 전혀 달랐다. 우리는 최대한 목소리를 낮췄기 때문에 시끄럽게 떠드는 정도는 아니었다. 다만 사적인 우리 이야기를 다른 사람이 듣는 것이 신경 쓰였다. 그 사람은 다른 사람에게 끼칠 피해를 주의하라고 엄포했지만, 나는 의도치 않게 내 프라이버시를 노출하는 상황이 불편했다.

내가 프라이버시에 민감해진 건 몇 해 전 지하철에서 겪은 경험 때문이다. 그전까지는 나 역시 대중교통에서 정숙하지 않는 건 손가락질 받을 만한 행동이라고 생각했다. 그 지하철에서 나는 당황스러웠다. 내가 탄 열차 칸 안은 서 있는 사람이 없을 정도로 한산하고, 적막, 고요했다. 나는 눈을 감고 앉아 있었다.

갑자기 젊은 남자 목소리가 들렸다. 눈 떠보니 양복을 입은 남자가 배낭을 멘 채 내 바로 건너 자리에서 귀에 이어폰을 끼고 허공에 말하고 있었다. 잘 보여야 하는 거래처의 누군가와 통화하는 듯했다. 나는 동그란 눈으로 그를 계속 바라보았다. 여기서 그렇게 큰 소리로 통화하면 안 된다고 말해줘야 할 것 같은데 입이 떨어지지 않았다. 무언가가 나를 주저하게 만들고 있었다.

프라이버시였다. 내가 그를 제지하지 못한 이유는 통화 내용이 너무 사적이어서였다. 그는 자신의 사적인 얘기를 지하철이라는 공공장소에서 아무렇지 않게 다 들리도록 얘기하고 있었다. 그곳이 도서관이었다면 난 망설이지 않고 그에게 주의를 주었을 것이다. 그러나 그곳은 목적지에 이를 때까지 대부분 자거나 휴대폰으로 시간을 때우는 지하철이었다. 지하철에서는 조용한 시간을 보낼 권리가 있다고 주장하기 어렵고, 따라서 그의 큰 목소리가 타인의 권리를 침해하는 것은 아니었다. 오히려 침해되는 건 그 사람 자신의 프라이버시였다. 그는 스스로 지켜야 할 프라이버시를 공개적으로 내보이고 있는 꼴이었다.

자기 프라이버시가 같은 열차 칸에 있는 익명의 사람들에게 노출돼도 아랑곳하지 않는 그의 태도는, 지하철에서 조용히 가고 싶은 내 바람보다 그가 내린 선택을 존중해야한다는 생각이 들게 했다. 그래서 그에게 목소리를 낮추라고 말하기 어려웠다.

나는 지하철을 탈 때 배낭은 물론이고 한쪽 어깨에 메고 있던 가방도 손으로 든다. 다른 사람을 위해서가 아니라 나를 위해서다. 등이든 어깨든 가방을 메고 있으면 지나가거나 옆에 서 있는 사람이 자꾸 가방을 치는데, 그럴 때마다 신경이 곤두선다. 가방을 앞으로 메거나 아래쪽으로 옮기면 덜하다. 지나가는 사람이나 옆 사람이 나를 쳐도 내 가방을 통해 전달받는 툭툭거림보다 훨씬 편안하다. 내가 지하철이나 버스에서 가방을 손으로 드는 건 나를 위해서고, 그에 뒤따르는 효과가 다른 사람에게 전달되는 것이다.

개인이 공공장소에서 굳이 정숙해야 한다면 그 첫째 이유는 다른 사람에게 끼칠 불편 때문이 아니라 내 프라이버시 보호 때문이다. 비록 다시 안 볼 사람이라도 내 사적인 이야기를 듣게 하고 싶지 않아서다. 옷을 갖춰 입고 다니는 이유와 마찬가지다. 옷을 입는 첫째 이유는 다른 사람에게 불쾌감을 주지 않기 위해서가 아니라 내 몸을 보호하기 위해서가 아니던가? 어떤 사람이 덥다고 맨몸을 드러내놓고 다녀도 그걸 누가 제지할 수는 없는 노릇이다. 자기 자신을 보호하는 일을 포기하는 건 타인의 불편보다 앞선 그의 결정이고, 그로 인해 발생하는 일도 그의 책임이기 때문이다.

이렇게 개인으로서 각자 자기 프라이버시를 지키는 일이 곧 타인을 배려하고 에티켓을 지키는 모습으로 이어질 수 있는 것이다.

워스 Worth

유족 5000명, 집단이 아닌 한 사람 한 사람을 위하여

✳

'가치'는 그럼에도 계속될 삶이다

진도 앞바다에서 일어난 세월호 사건은 한국 사회에 큰 충격을 줬다. 6000톤에 달하는 배가 기울어져 선미부터 서서히 가라앉아 마지막 뱃머리까지 바다 밑으로 사라지는 모습을 그저 지켜보기만 해야 했다. 그 시간은 한국인으로서 우리 안에 만연했던 부조리와 함께 보잘 것 없는 인간의 무력함을 직시하게 했다. 특히 사망자의 80% 이상이 스무 살도 되지 않은 고등학생이라는 사실이 더 큰 안타까움과 슬픔을 안겼다. 그래서인지 사건을 수습하고 애도가 이어지면서 이들은 세월호 사건의 상징처럼 인식되었다.

더구나 전부 같은 학교에 다녔던 터라 애도 역시 세월호

에서 사망한 특정 고등학교 학생들 중심으로 이뤄졌다. 그 와중에 문득 궁금했다. 나머지 20%인 50여 명은? 그 가운데에는 화물을 운반하는 차량 노동자, 관리자 등등 각자 자기 사연을 안고 있는 다양한 사람이 있었다. 사회적 애도에서 이들은 사라졌다. 사망자 개개인보다 '세월호 참사 유가족'이라는 집단 정체성으로 인식되었다. 오래지 않아 세월호 사건에 대한 애도와 유가족에 대한 위로는 정치적 이슈가 되고, 사회 갈등을 증폭시키는 결과로 이어졌다.

사고의 성격과 사망자 규모는 다르지만, 미국에서 일어난 9.11 테러 역시 많은 사람에게 큰 충격을 준 재앙이었다. 비행기 두 대가 110층짜리 빌딩 두 개를 뚫고 들어갔고, 잘려 나간 건물 상단부가 서서히 가라앉듯 하단부를 짓누르며 아래로 무너지는 모습을 지켜보기만 해야 했던 사람들 역시 인간의 무력함을 직시해야 했다. 이 사고를 수습하는 과정을 담은 영화 「워스」는 세월호를 떠올리게 했고, 미국 사회는 이 엄청난 사고를 어떻게 수습하고 치유하며 극복했는지 궁금하지 않을 수 없었다.

유족이 정부 기금을 받게 하려는 켄의 고군분투

영화는 미국의 중재 전문 변호사 케네스 페인버그의 자서전 『What is Life Worth?』를 바탕으로 테러 희생자 유족에게 보상금을 지급하는 과정을 그린다. 영화에 의하면, 9.11 테러가 일어나자 미국 정부는 한시적 특별법을 제정해 기금을 만들어 희생자 가족에게 피해보상을 했다. 허리케인 같은 자연재해도 아니고, 총기 사고나 기차 탈선, 비행기 추락 같은 사고도 아닌, 이른바 반민주·반자유 세력에 의한 계획적 테러인 만큼 정부(한국에서 흔히 '국가'라 표현하는)가 보상하는 게 당연한 것 아닌가 싶다. 그러나 유족은 애초에 정부의 보상금을 받을 계획도, 생각도 없었다. 그들은 정부가 아니라 항공사에 피해보상을 추궁할 생각이었다. 유족에게 소송하라고 부추기며 달려드는 수많은 변호사도 항공사를 상대로만 얘기할 뿐이었다. 그런데 어째서 결국 정부가 마련한 보상금을 받게 되었을까?

사망자가 무려 2000명이 넘고, 그 가족은 5000여 명에 달한다. 그들이 항공사를 상대로 소송하면 보나 마나 그 항공사는 파산한다. 그 파장은 도미노처럼 이어져 국가 경제에 막대한 부담이 된다. 그 일로 미국인 전체가 힘들어질게 뻔하다. 이를 막기 위해 정부와 의회는 서둘러 특별법을 제정해 기금을 마련한다.

그런데 특별법은 한시적이다. 유족이 기금을 거부하며 시간을 끌면 기금을 주려야 줄 수 없는 상황에 처한다. 유족은 보상 산정 기준에 동의하지 못하고, 유족들의 소송으로 큰 이익을 얻을 수많은 변호사는 기금을 받지 말고 소송하자며 유족의 기금 수락을 방해한다. 이때 나선 사람이 당시 야당 보좌진 출신의 중견 변호사 케네스 페인버그다. 그는 유족이 기금을 받게 하려고 2년 넘게 자기 본업을 내팽개칠 정도로 발 벗고 나선다.

유족은 한동안 정부 기금을 거부했다. 단지 보상금이 부족해서가 아니다. 사건 장소가 일터였던 만큼 희생자 스펙트럼이 방대했다. 청소부 같은 단순 업무 종사자나 일용직부터 유명 펀드매니저 또는 금융회사 중역 같은 의사결정자, 기타 전문직 고액 연봉자 그리고 그들을 구조하러 무너지는 건물에 들어갔던 소방관과 경찰관 등 각기 다른 직업과 배경을 갖고 있었다. 그로 인해 보상금 산정 기준을 설정하기 어려웠다. 협상 전문가로서 자타 공이 상당한 실력을 인정받고 있던 켄은 그동안 갈등 사건을 중재했던 방식대로 피해자의 생전 소득과 부양가족 수 등을 기준으로 보상금을 산정한다. 그러나 천차만별일 수밖에 없는 보상금액을 유가족이 수긍할 리 만무하다.

"어떻게 한 장소에서 같은 시간에 죽은 사람들 목숨값이 다를 수가 있나요?"

유가족에게는 이런 산정 방식이 인간으로서 모두 동등해야 할 한 사람, 한 사람의 가치를 제각기 달리 취급하는 듯한 느낌이 들 수밖에 없다. 하지만 보상금액과 그 산정 기준이 인간으로서 그 사람의 가치를 공인하기 위한 것일 리는 결코 없다. 정부가 뭐라고 그런 가치를 산정하고 공인한단 말인가? 그런 식으로 받아들인다면, 오히려 돈으로 상실을 보상하려는 시도야말로 물질주의 또는 배금주의다. 정부 보상금은 희생자의 죽음으로 인해 남은 유가족의 생계 즉 경제적 충격을 최소화하기 위한 방편이지 불의의 사고로 가족을 잃은 상실에 대한 정서적 충격을 위로하기 위한 목적이 아니었다.

켄은 고군분투한다. 보상금 지급 법령의 적용을 받지 못하는 유가족을 나 몰라라 하지 않고, 그렇다고 해서 특별한 사례를 위해 법을 개정하지도 않기 위해서다. 수정안을 내면, 지난한 법안 심사와 통과 일정, 회기 불일치로 법안이 폐기되어 보상금 지급 계획이 무산될 가능성이 크다. 결국 그는 보상금을 지급할 수 있는 방법을 찾아낸다. 그것이 가능했던 건 물론 켄과 팀원들의 능력과 열정 덕이지만, 입법 외에 다양한 수단을 활용할 수 있는 미국의 시스템도 큰 역할을 했다. 예컨대 지역 정부와의 협력은 입법과는 다른 차원의 해결책이 되었고, 지자체가 실질적인 권한과 독립성을 갖고 있다는 점도 이러한 접근을 가능케 했다. 만약 법에만 의존했다면, 유족을 하나의 집단으로 상대할 뿐 각자 다른 사정을 가진 개개인으로는 마주하지 못했을 것이다.

법은 갈등과 분쟁 해결 수단이 아니다

'법대로 해!' 갈등하는 상황에서 아무도 양보하지 않고 타협이 이루어지지 않을 때 한국에서 보통 하는 말이다. 한 사람이 그 말을 내뱉는 순간, 상대방도 이에 질세라 화답한다. '아, 그래 좋아! 누가 맞는지, 법대로 한번 해보자고!' 그리고 관아에 계시는 원님에게 달려가듯 법원으로 달려간다. 법원에 접수되는 소송은 매년 증가하고, 그 가운데 70% 정도가 민사사건이다.[95] 비슷한 사법 체계를 가졌지만 인구수는 한국의 2~3배인 일본과 비교하면 압도적으로 많은 양이라고 한다.

한국인은 왜 이렇게 법이란 말을 입에 달고 살게 된 걸까? 거기엔 복합적인 이유가 있다. 법에 대한 불신과 불만보다 타인에 대한 신뢰가 더 낮은 것도 그중 하나다. 그리고 무엇보다 법에 대한 인식이다. 우리는 사회를 통제하고 갈등·분쟁을 해결하는 수단으로서 그나마 가장 공정한 기준이 법이라고 생각한다. 하지만 갈등과 분쟁 해결은 어떤 식으로든 결국 당사자의 양보와 타협 없이는 불가능하다.

---

95 「[2024 사법연감] 지난해 소송 사건, 전년 대비 8% 증가…」 법률신문, 2024. 9. 23

즉, 문제가 있을 때 쉽게 법을 호명하는 현상은 사회구성원의 이기심은 스스로 제어할 수 없으니 법이라는 제도적 강제로 제약해야 한다는 불신의 인간관 때문이다. 질서와 갈등 해결을 위해 법의 힘으로 자기 자신과 타인을 속박해야 한다고 여기는 것이다.

그러한 법의 정당성은 어디서 올까? 한국인이 금과옥조처럼 여기는 헌법 제1조 2항 '모든 권력은 (주권자인) 국민으로부터 나온다'이다. 법은 주권자의 명령이고, 국민 의지의 산물이기에 정당하다. 따라서 국민이 정하면 무엇이든 법이 될 수 있다. 하지만 국민이란 과연 누구인가? 현실에서는 국민을 특정할 수 없다. 실제로 국민은 그저 불특정 '다수'다. 그러므로 다수가 정하면 무엇이든 법이 된다. 그런 법은 자연히 벤담의 '최대 다수의 최대 행복'이라는 공공성을 위해 봉사해야 하고, 필연적으로 공공이익 증진이라는 목적을 갖는다.

그런데 이런 법은 사회구성원 모두에게 똑같이 적용되어야 할 보편성과 포괄성, 포용성을 오히려 갖추기 어렵다. 사회구성원은 각자 특정한 공공성이란 목적 달성에 부합하는 역할을 해야 하고, 법은 그 역할에 따라 다른 규칙을 적용해야 하기 때문이다. 법이 그 목적에 따라 자의적이고 임의적으로 누군가에게는 특혜를, 누군가에게는 차별을 부과하게 되면 공정성을 잃는다. 무엇보다 그 자체로 목적이 되어야 할 개개인이, 그런 사회에서는 '공공', 즉 다수라는 집단의 목표 달성을 위한 수단으로 전락하게 된다.

개개인을 위한 법, 즉 개인을 위해 봉사하는 법은 따로 있다. 법이 직접 통제하고 지시해서 특정 목적을 달성하는 게 아니라, 사회구성원이 각자 자기 목적 달성을 추구하는 과정에서 자연스럽게 형성된 질서나 규범을 추인한 결과로서의 법이다.

서울에서는 잘 접하기 힘든 회전교차로가 제주도에는 많은 편이다. 언젠가 가족 여행 중 제주 시내에서 많은 차량이 운집한 커다란 회전교차로에 진입하자 아버님이 경악했다.

"쯧쯧, 신호등을 만들어야지. 어떻게 이렇게 무질서하게 놔두나……."

아버님은 마치 오래전 저개발 시대 때의 무질서를 다시 목격한 것처럼 말씀했다. 하지만 회전교차로는 오히려 통행시간은 짧아지면서도 교통사고 발생 건수는 줄어들게 만드는 선진 교통 체계다. 차들이 뒤엉켜 서행하는 것처럼 보여도 운전자들은 양보와 서행을 통해 나름의 질서를 형성한다.

회전교차로처럼 정부의 계획 아래에서 검증된 방법을 도

입한 것이 아닌, 온전히 스스로 무질서 속에서 질서가 형성되는 모습도 발견할 수 있다. 내가 사는 동네는 오래된 빌라나 주택이 많아 골목이 많고 좁다. 실은 원래 좁은 게 아니라 사회가 발전함에 따라 차량이 증가하면서 갓길에 주차한 차가 많아져서다. 게다가 경사 높은 언덕이 곳곳에 있어서 위험하고 혼잡해 보인다. 처음에 나는 여기서 어떻게 살까 싶었는데, 정작 수년이 지나도록 골목에서 차량 통행 문제로 다투는 모습은 딱 한 번밖에 보지 못했다. 대부분의 경우 좁은 골목에서 차가 마주치면, 비켜설 공간이나 여건이 되는 쪽이 스스로 양보해 각자 제 갈 길을 간다.

여기 살면서 나는 신호등처럼 권력기관의 지시체계가 없어도 인간은 자연스레 질서를 형성한다는 사실을 체감했다. 좁은 골목에서 차가 서로 마주치는 상황을 일상에서 일어나는 갈등이나 분쟁으로 비유한다면, 각자 자기가 가려던 길을 지나가기 위해 서로 타협하고 스스로 양보함으로써 결국 서로의 목적 달성에 최적화된 행동양식과 규범을 만들어가는 것이라고 할 수 있다. 공권력의 개입 없이 스스로! 그런 행동규범으로서의 법은 어떤 처벌을 빌미로 특정 행동을 강요하는 제로섬의 규제가 아니라, 자기 목적 달성을 위해 각자가 스스로 함께 형성한 상생의 질서다.

일상에서도 이와 같은 과정으로 질서로서의 법을 스스

로 만들어나갈 수 있다. 가령, 폭력적이고 위협을 일삼거나 사기와 기만으로 다른 사람을 속이는 행위, 계약을 제대로 이행하지 않으며, 담합으로 경쟁을 저해해 다른 선택의 기회를 제약하는 행위 등은 타인으로 하여금 그를 기피하게 만든다. 따라서 사람들은 스스로 그런 행동을 자제하게 된다. 이렇게 자기 목적을 장기적으로 진지하게 추구하는 사람들에 의해 자연스레 금기시된 행동, 즉 타인을 수단화하는 행위를 법으로 금지할 때, 그 법은 규제가 아니라 당사자들 스스로 분쟁을 피하고 갈등 해결 방안을 도모할 수 있는 조건을 확립한다.

이처럼 언제, 어디서, 그 누구든 해서는 안 되는 행위를 제약할 때, 법은 평등하고 누구나 수용할 수 있는 공평 타당한 정의로운 규칙이 된다. 그리고 그렇게 금지 행위로 법 적용 대상을 국한하면, 9.11 테러 희생자 유족 한 사람 한 사람을 위할 수 있었던 켄의 대응처럼, 개개인이 처한 제각기 다른 상황과 문제에 유연하게 대처할 수 있는 재량권을 갖게 된다. 이를 통해 사회구성원 개개인의 문제해결 능력이 축적·함양되어 결과적으로 각자 누리는 자유(자율성)가 더 커지고, 상황 변화에 대한 적응력과 대처 능력도 증대되는 선순환 구조에 이른다.

질서로서의 법은, 우리가 길을 걸을 때 누군가와 부딪히지 않기 위해 스스로 오른쪽이나 왼쪽으로 비켜 걷는 것처럼, 개개인이 자연스레 각자 자기 목적을 추구하는 과정에서 형성된다. 따라서 현재 우리 헌법에서 입법 정당성의 원천으로 규정한 사람들이 만드는 법과 달리 법을 만드는 구체적 실체가 없다. 특정 누군가 또는 집단이 어떤 사회 또는 어떤 법을 만들겠다는 의도적 선의를 갖지 않아도 그저 수많은 개개인의 상호작용 결과에 따라 법과 질서가 만들어진다. 그렇다면 결국 공동체 전체의 이익이 실질적으로 증진되는 현상은, 누가 법을 만드느냐가 아니라 무엇을 법으로 만들 것인가에서 입법의 정당성을 찾을 때 이루어지는 것이다.

집단주의와 국가주의에 익숙한 사람은 공동체를 우선하고 법(국가권력)이 공동체를 지향해야 풍요와 평화 같은 공공복리가 실현될 것이라고 생각한다. 하지만 실제로 공익은 불특정 다수가 아니라 개인을 지향할 때 증진된다. 개개인이 서로 자신과 타인의 권리를 존중할 방법을 스스로 찾는 능력을 키울 때, 각자 누릴 수 있는 자유가 커지고 안정적인 평화와 풍요가 찾아오는 것이다.

남겨진 자의 삶을 위한 애도

9.11 테러 당시 집권 여당의 경쟁 정당 인사인데도 켄은 왜

그토록 정부 기금을 수락하도록 유족에게 공들였던 걸까? 몇몇 매체에서는 켄이 기업을 보호(항공사 기업의 파산 방지)하기 위한 "속셈"[96]을 품고, 정부의 피해자 보상 프로그램으로 "선수를 친 것"[97]이라고 해석했다. 과연 그럴까? 물론 정부의 기금 마련은 유족에 대한 온정적 의도가 아니었다. 정부는 유족보다 기업 파산의 여파로 도미노 쓰러지듯 힘들어질 미국인 전체를 고려했다. 하지만 켄은 아니었다. 그보다는 희생자 가족 개개인의 삶을 걱정했다.

9.11 테러는 사무실 폭파였기 때문에 희생자 상당수가 가족 생계를 책임지던 사람들이었다. 정부 기금의 명분도 희생자 대부분이 가족 부양자라는 데 있었다. 정부 보상 프로그램은 즉시 지급되어 유족들이 생계를 유지하며 삶을 이어나갈 수 있게 해준다. 반면 소송은 2~3년 안에 끝나지 않는다. 기본 10년은 걸리고 그 이상 걸릴 수도 있다. 유족은 길고 지루한 싸움에 시달리면서 그 기간 동안 한 푼도 받지 못해 경제적으로 나락에 빠질 가능성이 크다. 그 와중에 계속해서 사랑하는 사람의 죽음을 떠올리면서 일상이 망가질 게 뻔하다.

---

96   김세윤, [비장의 무비] 우리 목숨값은 얼마일까?」 시사인, 2021. 8. 14
97   「김중기의 필름통, 영화 '워스(Worth)'」 매일신문 2021.7.23

켄은 결국 성공한다. 정부 기금에 불만을 갖고 켄을 의심하며 경계하던 유족이 결국 마음의 문을 열고 정부 기금을 수락한다. 만족할 만한 보상금 산정 해법을 제안받아서가 아니다. 유가족이 원했던 것은 돈도, 죽은 가족의 가치를 다른 사망자들과 전부 동일하게 평가받는 것도 아니었다. 그들은 자신을 그저 행정 대상이 아닌 하나의 인간으로 대해주길 원했다. 자신의 태도를 성찰한 켄과 법률 팀원들이 진지하고 성의 있는 모습을 보이자, 유족은 희생자와 함께했던 추억과 사연, 그리고 사랑하는 사람을 상실한 자신의 이야기를 털어놓고, 켄과 팀원들은 그들의 얘기에 귀 기울이고 공감하며 도와주려 애쓴다. 5000여 명 한 사람 한 사람을!

역시나 세월호 사건 유족이 떠올랐다. 그들은 자기 아픔을 어떤 식으로 치유했을까? 아니, 과연 치유가 되기나 했을까? 시간이 약이라며 절망감을 삭이기만 하지 않았을까? 9.11 테러처럼 사회적 여파가 큰 사건이 일어날 때 한국의 애도와 추모 방식은 영화 「워스」에서 보는 모습과 사뭇 다르다. 같은 시간, 같은 장소에서 같은 사건으로 사랑하는 사람을 잃었어도 유족 각자가 다르게 기억할 권리가 있건만, 이를 존중하기보다 슬픔을 나누고 아픔에 공감해야 한다는 도덕주의적 구호 아래에서 함께 기억하기를 강조한다. 하지만 치유는 개별적이고 개인적인 차원에서 이루어진다. 상처는 오직 당사자가 그 경험을 스스로 다시 들춰내 새로운 시각으로 재해석할 때 아물기 시작한다.

함께 기억할 때는 각자의 고유성이 사라진다. 집단화된 애도는 공동체를 위한 사회 변화라는 목적을 갖는다. 앞으로의 삶을 위해, 스스로 고통을 극복하기 위한 작업 과정에서 들춰내야 할 그 아픈 기억과 경험이, 사회 변화라는 대의를 위한 분노와 원망의 촉매제로서 들춰진다. 세월호 사건 때에는 사회적 분노와 원망이 계절이 바뀌고 바뀌어도 계속될 정도로 오래 이어졌다. 어떤 사회운동가는 그런 현상에 감동[98]받기도 하지만, 진정한 애도라고 할 수는 없다.

"가족 모두가 너무 지쳐 있습니다. 가슴 깊이 묻고 싶은데, (단체 추모객이) 매년 이렇게 찾아오니 그것도 쉽지 않아요."

2002년 미군 장갑차에 치여 죽은 딸의 엄마는 그 일이 있은 지 10년이 되도록 추모객이 찾아오는 바람에 그들을 피해 기일엔 아예 집을 떠나 있다고 했다.[99]

여성학자 정희진에 의하면, 악이란 다름 아닌 고통을 타

98   김상봉, 『네가 나라다: 세월호 세대를 위한 정치철학』, 길, 2017, p.94
99   「유가족과 마을 주민들의 이구동성 "이젠 제발 그만 좀 와 주세요"」, 월간조선, 2012. 6

자화하는(당사자 문제로만 여기는) 태도다. 그는 "피해 여성의 '말하는(말해야 하는) 고통'을 지켜보면서" "인간 생활의 어두운 문제를 들춰내 연구하고 개선하려는 노력 자체가 악은 아닐까, 악을 파급하는 것은 아닐까, 악이 되기 쉬운 것은 아닐까?"[100]라고까지 하면서 성찰을 강조한다. 그처럼 사회적 사건에 대한 애도가 집단화된다는 건 어쩌면, 소위 온정이나 공감 그리고 사회발전이나 개선과 같은 공익이라는 명분으로 피해자 고통을 대상화시켜 일방적으로 반복하게 만들고, 그럼으로써 피해자를 무능하고 무기력한 존재로, 그래서 구원해야 할 시혜의 대상으로 만드는 것인지도 모른다.

시간이 지나면서 켄의 사무실은 유족들이 전해준 희생자와의 추억이 담긴 물건으로 가득 찬다. 유족에게 필요한 건 생계를 지속할 수 있는 돈만이 아니라 갑자기 사랑하는 사람을 잃은 충격과 상실감, 상처를 치유할 수 있는 기회였다. 그건 유족이라는 집단의 막연한 슬픔이 아니라 제각기 다른 사연과 기억, 슬픔을 지닌 한 사람 한 사람을 하나의 존엄한 인간으로 대할 때 이루어진다. 이를 통해 다시 개인으로서 삶의 경험을 이어갈 수 있게 하는 것이다. 유족에게

---

100 정희진, 『아주 친밀한 폭력』 교양인, 2016, p.57

는 하루빨리 유족 또는 피해자 정체성을 벗어나는 것이 이로운 일이다. 상실을 극복하고 존엄한 인격을 가진 한 사람으로서 자기 삶을 누려야 한다. 삶은 계속되므로!

영화가 묻는 가치도 그것 아닐까? 'Worth'가 단순히 사람 목숨이나 생명 값을 전제한다 해도, 경제적 생산력으로 산술할 수 있는 무언가를 의미하는 것은 분명 아니다. 인간은 모두 존엄하다는 식의 막연한 가치도 아니다. 영화는 망자가 아니라 일상의 삶을 영위해야 하는, 살아 있는 사람의 삶에 대해 말한다. 따라서 그 가치는 살아 있는 사람에 대한 우리 각자의 태도를 의미한다고 볼 수 있다. 유족 5000명이라는 단일하고 막연한 집단이 아니라, 살아 숨 쉬며 각기 다른 생각과 감정, 느낌을 갖고 각자 나름의 삶을 살아가는 각각의 실존자로서 그들을 인식하고 존중하는 태도다.

[그래비티]

우주로 숨어 들어갔던 라이언의 힘찬 귀환

친정에 다녀 올 때나 친구를 만나고 올 때마다 나는 나만의 방으로 들어간다. 그 방에서 지내는 시간은 하루이틀 정도로는 언제나 부족하다. 최소 나흘에서 길게는 일주일 정도 필요하다. 그 기간은 나만의 방에서 내가 얼마나 집중해서 치열하게 타인과 함께할 때의 나 자신을 돌아보느냐에 달려 있다. 나만의 방은 단지 나를 성가시게 하는 다른 사람과 환경에서 벗어나 있는 물리적 고립의 장소가 아니라 나를 성가시게 했던 다른 사람과 환경에 대한 내 반응과 모습을 되돌아보면서 나를 알아가고, 나아가 나 자신에게서 문제해결 방안을 찾아내는 변화의 공간이다.

영화 「그래비티」에서 어린 딸의 허망한 비명횡사를 겪은 라이언 스톤에게 나만의 방은 우주 공간이다. 딸을 잃고 살아갈 의미를 잃은 라이언은 지구를 벗어날 수 있는 우주 인력에 지원한다. 삶에 대한 환멸에서 적막과 무중력 속으로 날아갔지만, 마음을 어지럽히는 온갖 말소리가 사라지고 삶의 무게에서 비켜난 그 공간에서 오히려 그는 삶으로 돌아갈 용기를 얻는다. 그러나 그 과정은 수월하지 않았다. 동료를 잃고 자신도 위험한 사고에서 살아남기 위해 분투하는 모습이 은유하듯, 때로 목숨이 위협당하는 듯한 두려움에 휩싸이며 그에 맞설 용단을 내려야 했다.

개인에게 고독의 의미란

흔히 인간관계나 상황에 휘둘리지 않으려면 고독을 견디고 즐길 줄 알아야 한다고 말한다. 쇼펜하우어도 그렇고, 버지니아 울프 역시 자기만의 방을 강조했다. 고독을 견디고 즐길 줄 안다는 건 어떤 모습일까? 히키코모리처럼 그저 사회생활을 멀리하고 방이나 집에서 친숙한 사람들과만 지내며 두문불출하는 상태는 분명 아닐 것이다.

울프는 자기만의 방을 여성이 자기 삶을 개척하는 과정의 필수 요건으로 꼽았지만, 비단 여성에게만 해당하는 조건은 아니다. 자기만의 방은 자기 주도적 인간이 되는 개인화의 공간이다. 그 공간에서 이루어지는 모든 행위는 자기 자신이 어떤 사람인지 밝혀내는 탐구 과정이어야 한다. 그 공간과 시간이 타인의 시선과 간섭에서 벗어난 고독의 상태여야 하는 건 바로 이 작업 때문이다.

그런 환경에서 인간은 자기 자신에게 집중할 수 있다. 타인과 함께 보낸 시간이나 어떤 사건을 겪을 때 마음에서 일어나는 거부감, 성가심, 분노 또는 기쁨과 만족감의 근원을 찾는 것이다. 따라서 자기만의 방에 들어간 고독한 인간은 물리적으로는 타인이나 세상 환경과 격리되어 있어도 그의 내면은 여전히 타인과 세상과 연결되어 있는 상태다. 나를 발견하는 일은 타인과 세상 속에 있을 때의 나를 탐구하지 않고서는 불가능하기 때문이다.

오늘날의 나, 즉 하나의 개인으로서의 나는 독창적 존재이지만, 결코 집단주의 사고방식으로 인식하는 인간처럼 원자적이고 고립된 존재가 아니다. 인간의 자기 인식은, 내가 거울 없이 내 모습을 볼 수 없는 것처럼, 상대방과 세상이란 거울에 비친 모습을 통해야 가능하다. 인간이 스스로 오롯이 설 수 있는 것 또한 타인과 세상 속에서다.

연료가 바닥난 우주선에서 모든 걸 포기하려던 라이언은 전파에 우연히 잡힌 아기 울음소리와 자장가 소리, 웃음소리를 듣는다. 그때 갑자기 나타난 코왈스키가 재촉한다.

"알아, 여기가 좋긴 하지. 그냥 시스템 다 꺼버리고, 불도 다 *끄고*, 눈을 감으면 모든 것을 다 잊을 수 있잖아. 여기선 상처 줄 사람도 없고, 안전하지. …… 하지만 중요한 건 지금 너의 선택이야. 계속 가기로 했으면 그 결심을 따라야지. …… 두 발로 딱 버티고 제대로 살아가는 거야."

고독을 견딜 줄 알아야 한다지만, 한편으로 혼자 있는 것만큼 편한 게 없다. 그렇지 않으면 히키코모리가 생길 리 없다. 하지만 그건 개인이 견뎌야 할 고독이 아니다. 만약 자기 탐구가 어느 정도 이루어졌다 싶으면 그는 반드시 자기만의 방을 나와서 세상과 함께할 것이다. 우여곡절 끝에 라이언이 지구로 돌아와, 그동안 자신을 짓누르던 낡은 사고방식과 가치관 같았던 무거운 우주복을 벗어던지고, 두 맨발로 지구의 흙을 힘차게 내디디며 삶으로 걸어 들어가듯이.

기기의 무선화와 인간의 개인화

나는 청소할 생각만 하면 마음이 늘 무거웠다. 이리저리 청소기를 돌리고 있으면 갑자기 뒤에서 누가 잡아당기듯 더 이상 끌리지 않았다. 돌아보면 코드 길이가 부족해서였다. 하는 수 없이 청소기 전원을 *끄고*, 그동안 온 걸음 수만큼 다시 가서 벽에 꽂혀 있는 코드를 뽑아 적당한 콘센트에 다시 꽂아야 했다. 그리고 나서야 청소를 계속할 수 있었다.

무선 청소기가 보편화되어 거추장스러웠던 전선이 사라지자 자유로워졌다. 더 이상 벽에 달린 콘센트에 의존하지 않아도 된다. 때로 집에서 쓰는 청소기를 자동차에서 쓰기도 하고, 심지어 마당에서 쓸 때도 있다. 무선 기기가 점점 많아진다. 드릴, 선풍기, 다리미, 헤어드라이기뿐만 아니라 모니터, 키보드, 마우스, 이어폰 등. 덕분에 전선으로 어지러웠던 책상이 깔끔해졌다. 모니터나 본체와 멀리 떨어져서 컴퓨터 작업을 할 수 있고, 전기를 공급받지 못하는 야외에서도 선풍기 바람으로 더위를 식힐 수 있다.

기기의 무선화는 인간의 개인화와 흡사하다. 벽에 설치된 콘센트에 의존해야 했던 전력공급은 집단에 의존해야만 삶이 가능했던 전근대 시대의 인간과 같고, 자체 내장 배터리로 인해 독립적으로, 자유롭게 제 기능을 하는 무선 기기는 집단 정체성에서 분리되어 스스로 삶을 일굴 잠재력을 지닌, 자기 뜻과 방식대로 자유롭게 살아가는 근대 개인의 모습이라고 할 수 있다. 배터리가 방전되면 충전을 위한 시간을 갖듯 개인도 때때로 휴식하고 성찰하기 위해 자기만의 방에서 고독의 시간을 보내야 하는 것도 같다. 인간도, 기기도 자립의 방향으로 변화하고 발전해가는 것이 어쩌면 신의 뜻일까?

더 중요한 공통점이 있다. 아무리 스스로 전력을 공급하게 될 수 있게 되었다 해도 독불장군식으로 혼자 따로 기능할 수 없다는 사실이다. 더 이상 벽에 달린 콘센트에 의존하지 않아도 되지만, 제 기능을 하려면 여전히 대상이 있어야 한다. 무선 선풍기라고 해서 아무도 없는 곳에 바람을 불어내고 있으면 에너지만 낭비하는 꼴이다. 무선 선풍기는 바람을 쐴 대상을 향해 있을 때 의미가 있다. 무선 모니터와 키보드, 마우스 역시 서로를 향해 기능해야 의미가 있지 제각기 따로 놓고 있으면 아무 소용이 없다.

개인도 똑같다. 더 이상 삶을 타인에, 집단에 의존하지 않지만, 스스로 일궈나가는 그 삶은 타인과 사회, 세상 속에서 이뤄진다. 개인(주의)은 사회적 존재로서, 타인과 세상과의 측면에서 전근대와 다른 새로운 인간관이지 흔히 말하는 천상천하 유아독존식의 인간이 아니다. 타인의 시선이나 사회의 기준에 삶과 자기정체성을 의존해야 했던 사회의 객체였던 인간이, 이제는 자신의 내적 기준에 따라 독립적이고 자립적 존재로서 공동체 구성의 주체로 거듭난 것이다. 그리하여 다른 구성원을 나와 같은 유일무이한 존재이자 타고난 잠재력과 인격을 지닌 존재로 신뢰하고 존중하며, 세상과 타인 속에서 자기를 경험하고 실현해나가는 인간! 그것이 바로 개인이다.

영화로운 개인

15편의 영화로 본 도덕과 개인주의

홍주현 지음

초판 1쇄 발행 2025년 10월 14일

펴낸이 이민·유정미
편집인 최미라
디자인 사이에서

펴낸곳 이유출판
주소 34630 대전시 동구 대전천동로 514
전화 070-4200-1118
팩스 070-4170-4107
전자우편 iu14@iubooks.com
홈페이지 www.iubooks.com
페이스북 @iubooks11
인스타그램 @iubooks_14

ISBN 979-11-89534-70-7 (03810)